世界インフレ時代の経済指標

チャートや企業業績よりも大切な相場の大局観

複眼経済塾　塾頭
エミン・ユルマズ

Must-know economic indicators in the age of inflation

かんき出版

はじめに

30年ぶりに目覚め始めた日本人

本書を手に取ってくださりありがとうございます。

この本は、**経済指標の読み方、使い方を解説した1冊**です。投資家や金融機関で勤めている方、グローバルビジネスに携わっている方はもちろん、あらゆるビジネスパーソンやこれから経済を学ぶ学生にも役立つ内容になるよう努めました。

結論から申し上げると、投資や経済分析をする際に、もっとも大切なのは**目先のイベントに振り回されることなく、「大局観」を持つこと**です。

私は、日々相場と向き合うときに、地政学はもちろん、民族学、宗教学などの知識を駆使して、この大局観をアップデートし続けています。

そう言うと、何やら難しい印象を持たれるかもしれません。しかし、戦前の日本人にはこれらの分野に優れた知識人や政治家がたくさんいました。

堂島《どうじま》の米市場で世界初の**「先物」**の仕組みをつくり、**「ろうそく足」**という現在もっともポピュラーなチャート形式を発明したのは日本人です。

「日本人は投資に向いていない」とよく聞きますが、そんなことは日本の経済史を知らない人たちの根拠のないセリフだと思います。**実は、日本人ほど投資に向いている人はおそらくほかにいません**。

それでも日本人の投資観に対して誤解をしている人たちは、ここ30年間の日本経済や日本市場のイメージにまだとらわれ続けているのでしょう。

バブル崩壊のトラウマに加え、デフレ経済下で投資をする魅力が薄れ、一般人は投資を避けるようになりました。

しかし、デフレが発生している国では、この行動は極めて合理的なものです。なぜなら**デフレ時に現金をそのままにしておくのも一種の投資だから**。現金の価値が上がるのであれば、現金のままにしておくのも資産運用になります。

一方、デフレ時代が終わり、インフレの時代に突入した今日における日本で、投資ブームが起きるのも当然の流れです。日本人が**投資の必要性**を覚え、30年ぶりに動き始めているというわけです。

グローバル化にともなって、世界各国の経済関係はより緊密になりました。米国の金融危機は全世界に飛び火しますし、経済規模の小さな新興国で起きている危機も先進国に波及して大きくなる危険性も常にある。

また、経済構造の違いからグローバル経済に先行して動いている国もあれば、遅行して動く国もあります。

そういった**躍動する経済とその背景にあるメカニズムを理解することが、「大局観」を持つ第一歩**です。

投資とは「戦」のようなもの。短期決戦ではなく長期で戦う際に戦術よりも重要になるのが**「戦略」**。戦術が優れていても相場の方向性がわからないと急な相場変動でやられてしまいます。**戦略とは大局観を読むこと**なのです。

眼前に広がるのは50年ぶりの経済大転換

これまで経済指標の分析というと、マクロ経済の専門家が行うものというのが通り相場でした。

でも、これからは**投資家はもちろん、あらゆるビジネスパーソンが経済指標をしっかり見ることでメリットがあります**。なぜなら、今の世界経済は50年に一度とも言うべき、大きな転換点に差し掛かっているからです。その大転換点とは、１９７０年代から１９８０年に経験して以来の**大インフレ時代を迎えつつある**こと。

米国の消費者物価指数は１９７４年12月に前年同月比12・３%の上昇となった後、一旦は落ち着きを取り戻したものの、１９８０年３月には前年同月比14・８%の上昇を記録。前者が第一次オイルショック、後者が第二次オイルショックによる原油価格上昇による影響です。

２００８年のリーマンショック以降、多くの先進国は低成長率とデフレリスクに悩まされました。少しでも成長率を高め、２%のインフレ目標を達成するために積極的な金融緩和政策を行ってきたわけですが、２０２１年５月あたりから米国は急激なイ

米国消費者物価指数（1965年以降）

ソース：TradingView

ンフレへと転じ、２０２２年7月の消費者物価指数は、前年同月比９・１％の上昇となったのです。

恐らく日本にいると、インフレを実感する機会が今までほとんどなかったと思います。１９８０年代後半のバブル期真っ只中でさえ、日本の消費者物価指数は、少なくとも**今の米国の状況と比べると、ほとんど上昇していないのも同然**でした。１９８９年の消費者物価指数は、前年比で２・９％上昇、１９９０年のそれは３・３％の上昇に過ぎなかったのです。そんな時代が30年以上も続いていますから、日本人がインフレをイメージできなくなるのも当然といって良いでしょう。

急激なインフレは、カオスを引き起こす

ところで私はトルコ出身なのですが、この国ではハイパーインフレが当たり前のように起こっています。１９８０年代、１９９０年代は2桁インフレも当たり前で、しかもインフレ率が80％、90％というとんでもない時代もありました。これは私自身、経験したことで、**小学校に入学したばかりの頃、瓶や缶に入っているジュースの値段は1個10トルコリラでしたが、高校を卒業した頃には１００万トルコリラ**になっていたのです。

本格的なインフレに見舞われると、それに合わせてさまざまなモノの値段を常に調整しなければなりません。それは企業間で取引されている原材料価格だけでなく、消費者に販売される製品やサービスの小売価格もそうですし、さらに言えば**会社で働いている人への給料や、公務員の給料もそう**です。とにかく値段が付いているものすべてにおいて、値段の見直しをしなければならないのです。

とはいえ、この手の値付けにガイドラインがあるわけではないので、何の値段をどこまで上げれば良いのか、企業によって、あるいは公的サービス部門においてバラバ

ラに行われるため、**世の中のありとあらゆるモノの値段が、極めてカオスな状態に陥ります**。

ハイパーインフレの最大の問題が、実はこれなのです。世の中の価格形成が混沌となるなかで、社会にも混沌を生んでしまうのです。自分の給料が物価に連動して増えれば良いのですが、逆にインフレを下回る程度にしか増えないとなると、購買力は大幅に落ち込みます。これは生活をするうえでこの上なくストレスに感じるでしょう。

もうひとつ、インフレの悪い面は価格の感覚が無くなることです。特に物価が年間80%、90%上昇してしまうハイパーインフレだと、目の前にあるモノの値段が高いのか、安いのか判断がつかなくなってきます。その結果、**自国通貨安が恒常的に進んでいる国では、自国通貨ではなく米ドルによって価格が表示されるようになる**のです。

もちろん、日本が今後ハイパーインフレに襲われるかどうかは、わかりません。ただ2022年を通じて、米ドル／円は非常に荒い動きに見舞われました。ニュースで見聞きされていると思いますが、**円安、つまり円の通貨価値低下は、インフレの元凶になりえます**。

2022年3月あたりは1ドル＝**115円**前後だったのが、同年10月21日には1ドル＝**151円**94銭まで円安が進んだのです。その後、2023年1月16日にかけて1ドル＝127円23銭まで円高が進みましたが、2月17日時点では1ドル＝134円台の円安に転じています。

今後、さらに円安へと向かうのか、それとも円高に転じるのかはわかりませんが、40～50年ぶりのインフレが起こりつつあるなかで、私たちは今まで以上に為替相場や、その値動きに大きな影響を及ぼす、世界経済の動きを注視していく必要性が生じてきました。だからこそ、経済指標の動きにも気を配っておかなければならないのです。

なぜインフレになったのか

では、どうしてデフレ経済からインフレ経済への大転換が起ころうとしているのでしょうか。

まず、**インフレとは何かという定義**を見てみましょう。一般的にインフレは、継続的に物価が上昇することを指していますが、これをより分析的に説明した文章があります。書いたのは、東洋経済新報社の元社長で、戦後は大蔵大臣、内閣総理大臣を歴

任した石橋湛山の言葉です。それによると、

「インフレとは何であるか。これを学問的に精密に解釈することは学者の仕事であって、私はこれを試みようとするものではない。私は常にこの**インフレーション**というものをごく常識的に解釈してある国の**通貨の数量**がその国の経済活動の健全な発展に**必要以上**、ないし**有害**な程度に**増加すること**であるといっている。英国の有名な経済学者**マーシャル**は、通貨を**機械の油**に例えているが、油は機械になくてはならぬ。それがなければ円満に運転しないが、その量が多過ぎるとまたその機械の運転を阻害する。少なくてもいけないし、多すぎてもいけない」（太字、筆者）

次に金融庁のホームページに書かれている内容も引用してみましょう。

「インフレは継続的に物価が上昇し続ける状況のこと。**物価はお金と物の交換レート**で、**物価が上昇**することと、**貨幣価値が低下**することとは同義であるが、歩幅かつ**安定的**に推移するならば、経済活動にとってはプ**ラス**に働くという。消費者は企業

の売上や生産増加を受けて労働所得が増加するため、その分、**財布の紐が緩む。所得効果**とともに物価が継続的に上昇していく中では、現金を保有することよりも、少しでも安いうちに物を買っておいた方が有利と考え、**消費が活性化**される。またインフレ下では借金の負担が軽くなるので、**借金**してでも自動車のような**耐久財、消費財、住宅**といった大きな買い物をしようとし、家計への資産と負債、すなわちバランスシートを膨張させる」（太字、筆者）

これらがインフレの定義ですが、過去30年の日本で起こっていたのは、これとは真逆のことでした。**物価が下がって現金の価値が上がるから、手元に置いておくほうが有利**だという状況が続いたのです。しかも、物の値段が今日よりも明日、明日よりも明後日のほうが安くなるとしたら、誰でも安く買いたいと思い、結果、どんどん買い控えが生じて、経済が低迷したのです。

では、どうしていま世の中はインフレに転換しようとしているのでしょうか。

原因のひとつは、**お金の量があまりにも多くなってしまったこと**です。

そのお金の量は、どうして多くなってしまったのか。

その原因をたどると、今から約35年前、1987年10月に起こった、米国発の世界同時株価暴落、いわゆる**「ブラックマンデー」**まで遡《さかのぼ》ります。米国株が短期間のうちに大暴落したことによって、マーケットが大混乱に陥りました。そのとき、**米国の中央銀行であるFRBは、金融を大幅に緩和して流動性を増やす介入**を覚えました。

また日本でも、金融緩和から金融引き締めに転じにくい過去の失敗があります。日本は1990年代に入ってから株価が下落を始め、さらに不動産価格も大暴落しました。

バブル経済はどこかで必ず崩壊するものですが、崩壊の仕方が大問題でした。めちゃくちゃなハードランディング（景気の急激な失速）になってしまったのです。なぜ、そんなことになったのかというと、当時の三重野日銀総裁が、**政策金利であった公定歩合を、2・5%から一気に6・0%まで引き上げたのです**。

当時は、むしろ「バブル退治」、「平成の鬼平」などと言われ、三重野元日銀総裁の手腕は、メディアなどで高く評価されましたが、バブルが崩壊して数年も経過すると、それがいかに悪手だったのかがわかってきました。その苦い失敗の経験から、日銀もなかなか金融引き締めに転じられない、一種のトラウマを抱えるようになったのです。

こうして米国、日本の両国は、その後も幾度となく訪れた経済危機、たとえば2000年のITバブル崩壊、2008年のリーマンショック、2020年のコロナショックなどが代表的ですが、その都度、米国のFRBは大幅な金融緩和を行い、金融市場に大量のマネーを投入して、バランスシートの拡大を図っていきました。

特に、コロナショック後の金融緩和は圧巻です。**コロナショックでリセッションが起こると踏んだFRBは、物凄い勢いでマネーサプライ（通貨供給）を増やしました。**

また日本も、三重野元日銀総裁が犯した金融引き締めの失敗がトラウマとして残っているため、かれこれ30年近くにもわたって金融緩和を続けてきました。


2022年以降、世界的にインフレが昂進した一番の理由は、この金融緩和によるものです。さらに言えば、新型コロナウイルスのパンデミックに対して、世界があまりにも過剰反応したことも原因のひとつと言えるかも知れません。世界経済を止めるなどという暴挙に出たせいで、経済活動に大きな爪痕を残す結果になったのです。その後遺症が、インフレなのです。

コロナ前後で全く異なる社会と経済

では、今の物価高はどこかで落ち着くのでしょうか。米国のFRBやユーロ圏のECB（欧州中央銀行）。ユーロ圏20カ国の金融政策を担う中央銀行）が行っている金融引き締めの結果、景気が冷え込んでデフレ経済になり、物価そのものがコロナ前の水準まで下がるのかどうか。

この問いに対しては、可能性がゼロだとは申しません。しかし、大きな問題は、今回のインフレが単なる需要超過によって引き起こされているものではなく、**構造的な要因**をはらんでいるようにも見えることです。単なる需給バランスの問題であれば、時間の経過とともに需給が均衡して、再び物価水準が低下することも考えられるのですが、**今回のインフレは地政学的な要因が絡んでいます**。

具体的には**米中間の新冷戦や、ウクライナ戦争**です。これらはすべて構造的なインフレ要因になります。

少し時間の針を巻き戻して、今回のインフレが起こる前、どうして世界的にデフレが加速したのでしょうか。

その最大の要因は**中国の存在**です。「世界の工場」とも呼ばれる中国は世界に対してさまざまなモノを製造し、輸出していました。それも、安い労働力を利用して、極めて低廉な価格で製品を輸出していたのです。中国はまさに人類史上最大のデフレ輸出マシーンといっても良いでしょう。

ところがこの数年、米欧諸国と中国、自由主義経済と共産主義経済、あるいはもっと正確に言えば権威主義経済という対立軸が先鋭化し、中国とデカップリング（切り離し）する動きが出てきました。デフレ輸出マシーンだった**中国を、サプライチェーンから外すことになれば、必然的にモノの値段は上がらざるを得ません**。


それともうひとつ、ウクライナ戦争の問題があります。ウクライナと戦争をしているロシアは、世界最大の資源国のひとつです。欧州各国はロシアからパイプラインを通じて**天然ガス**を輸入していましたし、**パラジウム**は生産の4割がロシアです。また、半導体製造のレーザー光源に用いられる**ネオン**は、ウクライナが生産の7割を、同じ用途の**クリプトン**はロシアとウクライナの合計で生産の8割を占めています。ウクライナとロシアの戦争が終結しない限り、あるいは画期的な代替物が出てこない限り、ロシアやウクライナで採掘される希少資源の値段は高騰し続けるでしょう。これも構造的なインフレ要因であると言えます。

こうした構造的なインフレ要因が存在し続ける限り、世界的に物価水準はコロナ前の状態に戻ることはないでしょう。

すると将来的に起こるのが、**産業の大きな変化**。サプライチェーンで中国を外そう、資源やエネルギーでロシアに対する過度な依存を減らそうという動きが、米国や欧州、さらには日本でも起こる可能性があります。まさに私たちは今、歴史的な大転換点を見ようとしているのです。

今こそ経済指標を読む

2008年のリーマンショックによって、世界的に株価が暴落したところから数えると、2023年はちょうど15年目になります。

この間、たとえば米国を代表する株価指数S&P500のチャートを見ると、2020年3月のコロナショックによって瞬間、ローソク足で長い下ひげを付ける局面はあったものの、その後、株価は再び高値を更新し続けました。米国の株式市場は15年という長い時間、上昇トレンドを描き続けたのです。

それと同じことは、日本を代表する株価インデックスであるTOPIXや日経平均株価にもあてはまります。日本の株式市場の場合、民主党政権の経済政策運営が今ひとつだったこともあり、実際に株価が上昇トレンドに乗ったのは、2013年に入ってからですが、それでも10年近く、株価は上昇トレンドにありました。

このように、長期のトレンドが示現しているときは、単純にトレンドに乗っていれば良いのですが、**今はトレンドが大きな転換点に差し掛かりつつあります**。株価だけでなく、世界経済の構造そのものが、大きく変わろうとしている。そういう時期だからこそ、経済指標を読むことが大事なのです。**なぜなら経済指標は、数字でもって、転換点に差し掛かっていることを教えてくれるヒントになる**から。

では、どうしてこれからの投資家は、自分で経済指標をチェックしたほうが良いのでしょうか。それは過去、幾度となく専門家と呼ばれている人たちに裏切られたことがあるからです。

過去、いくつかの大きなリセッションがありました。米国では２０００年のＩＴバブル崩壊と、２００８年のリーマンショックがあり、日本はこの２つのリセッションに加えて、１９９０年代の不動産バブル崩壊にともなう長期の景気低迷がありました。そして、そのいずれの場面においても、専門家と呼ばれる人たちは口を揃えて「大丈夫です。深刻な景気低迷に陥ることはないでしょう」などと楽観的な見通しを言いました。特に「セルサイド」といって、株式や投資信託を販売する証券会社に属しているアナリストやエコノミスト、ストラテジストと呼ばれる専門家たちは、自分たちの商売が干上がってしまうリスクもあったからなのか、一貫して楽観的な見通しを言い続けていたのです。

たとえばリーマンショックのとき、日本の専門家は口を揃えて、「あれはあくまでも米国の不動産に絡んだ問題ですから、日本に飛び火するリスクはほとんどありませんし、ほとんどの日本企業は、米国の不動産担保証券に投資していません」などと主張していましたが、実際はそんなことはなく、企業の倒産、製造業を中心とした「派遺切り」が社会問題になるなど多大なる悪影響を受けました。

そういう意味では、**個人が参考にできるような意見を述べる専門家が、この日本にはほとんどいません。**前出のセルサイドに属する専門家は、ハウスオピニオンといって自分が所属している会社の見通ししか言えませんし、実際には悲観的な状況であることがわかっていても、それを表立って述べることはできないのです。

また、米国の経済ニュース専門局でも、そこでの見通しは常にポジティブです。より強気の見通しを言うほど、たくさんのスポンサーがつく傾向すら見られます。

メディアなどに出演してコメントを述べる専門家が信用できないとなると、あとは自分で判断するしかありません。その判断材料として、まず経済指標を読む力をつける必要があるのです。

幸い現在は、経済指標の情報がとても整理された形で公表されるようになったので、これを利用しない手はありません。

経済指標は、それぞれの国の各省庁から公表されます。したがって、経済指標をすべて把握しようとすると、各国の各省庁のホームページに当たっていく必要があるのですが、最近はそれらを全部ひとまとめにして、公表しているサイトがたくさんあります。日本のＦＸ会社などでも、米国をはじめとする世界の主要な経済指標を、まとめて見られるようにしたページが設けられています。

つまり、誰でも簡単に経済指標をチェックできる環境が整ってきたのです。そうである以上、これを利用しない手はありません。

加えて、前述したように今はトレンドが大転換に差し掛かっているタイミング。投資をしている人はもちろんのこと、ビジネスの最前線に立っている人も、転換点のタイミングと、その後の方向性を把握するうえで、経済指標をチェックする習慣を付けておくべきなのです。

ぜひ、本書をお読みいただき、これからの世界インフレ時代を生き抜く知恵を手に入れてください。

２０２３年３月

エミン・ユルマズ

第1章 重要な経済指標はどれか？ それをどう読み、どう使うのか？

第2章 絶対に押さえておくべき米国の12の経済指標

第3章 景気複合指数と諸外国の経済指標

第4章

景気を読む手がかりとなる企業

第5章

コモディティと景気の関係

第6章

投資も仕事も人生も。デフレ脳からインフレ脳へ

本書の内容は、２０２３年3月時点のものです。本書の内容は筆者個人の見解であり、筆者が所属する企業や業界全体の見解ではありません。また、情報の利用の結果として何らかの損害が発生した場合、著者および出版社は理由のいかんに問わず、責任を負いません。投資対象および商品の選択など、投資にかかる最終決定は、ご自身の判断でなさるようお願い致します。

編集協力：鈴木雅光
ブックデザイン：鈴木大輔・江﨑輝海（ソウルデザイン）
DTP：オフィスササイ

第 1 章

重要な
経済指標はどれか?
それをどう読み、
どう使うのか?

経済指標を読む前に知っておきたいこと

先ほど、経済指標がこれからの相場の転換点を教えてくれると言いました。

「経済指標」といっても、本当にたくさんの種類があります。有効求人倍率、失業率などの雇用関連、企業物価指数や消費者物価指数、ＧＤＰ、鉱工業生産指数、機械受注統計、日銀短観、景気動向指数などなど。他にもたくさんあります。

また、ここに挙げたのはすべて日本の経済指標ですが、それと同じように米国には米国の、中国には中国の経済指標が存在します。経済活動や金融のグローバル化が進むなかでは、恐らく**日本の経済指標だけを見ていては、世界経済の実像を把握することができません**。つまり世界の経済指標を理解することも必要になります。

などと言うと、この時点で「ウンザリ」してしまい、経済指標について勉強しようなどという熱意はどこかに消えてしまうかも知れません。

でも、**「経済指標」を専門家なみに知らないと投資ができない、なんてことはありませんから、ご心配なく**。投資でお金を稼ごうとしているのであれば、細かい経済指標の中身を知らなくても大丈夫です。

それよりも大事なのは、経済指標の中身を知ることではなく、**経済指標として出てきた数字を、どう読み解くのか**ということです。その点においては、ある種、「想像力」のようなものが求められるかも知れません。

もうひとつ大事なことがあります。それは、異なる国のいくつかの経済指標を、ひとつの**「流れ」**として見るセンスです。

たとえば台湾の半導体受注が落ち込んできたとします。なぜでしょうか。

台湾に半導体の製造を発注している国は米国です。たとえばアップルのような、スマートフォンやタブレットを製造している

台湾の半導体企業（TSMCなど）、受注減

▼

連想 米国のスマホ・タブレット製造企業の業績が落ち込むかもしれない

シリコンウェーハや半導体製造装置メーカーの業績が落ちてきてる

▼

連想1 中韓台の半導体製造企業が生産を抑えている

連想2 スマホ・タブレットの製造企業が、生産や出荷をセーブしている

会社がこの先、世界的に景気が後退して販売が落ち込むだろうと予測すれば、もちろん半導体の需要が後退します。つまり**台湾の半導体受注動向は、世界経済の先行指標たりえるのです**。

同じことは、日本企業にも当てはまります。半導体のサプライチェーンで説明していくと、日本は半導体の原材料となるシリコンウェーハや、半導体製造装置に強みを持っています。そして、日本にシリコンウェーハや半導体製造装置を発注しているのはどこかというと、中国企業であったり、韓国のサムスン、台湾のTSMCだったりします。シリコンウェーハや半導体製造装置をつくっている日本企業の業績が落ち込み始めたら、それは中国や韓国、台湾の半導体メーカーが生産を抑えており、その大元を辿ると、結局は世界中のサプライチェーンを支配して、最終製品の生産、出荷をコントロールしている米国の意向が強く反映されていたりします。

経済指標は、まず米国を読む

私は日本株の信者です。日経平均株価は2050年までに30万円になると言って憚《はばか》りません。そのくらい日本に対して強くコミットしています。

でも、経済指標を見るにあたっては、**米国推し**です。マクロ経済の流れ、現状を把握するためにまず見るのは、米国の経済指標です。なぜなら、**世界経済の大きな流れは、米国を見ないとわからない**からです。

米国は世界で最も経済規模の大きな国ですし、強力な軍事力を持ち合わせており、政治や経済政策などでリーダー役を果たしています。

米国で発表される経済指標は別段、先行的な動きをするものではないのですが、**大きなトレンドや転換点は、やはり米国の動きを見ないとわかりません**。

たとえば中央銀行のトップは、世界中に国の数ほどいますし、そのなかでもとりわけＦＲＢ議長、日銀総裁、ＥＣＢ（欧州中央銀行）総裁、ＢＯＥ（バンク・オブ・イングランド）総裁の発言は注目を集めますが、**もっとも注目度が高いのは、ＦＲＢ議長の発言**です。

ＦＲＢは米国の中央銀行ですが、世界中にドルの流動性を供給しているという点において、世界の中央銀行でもあります。したがってどの国にも中央銀行総裁という立場の人はいるのですが、ＦＲＢ議長はそのなかでも抜きんでた存在であり、他の国の中央銀行総裁は、常にＦＲＢ議長の意見に耳を傾けているのです。

そして、その傾向は中央銀行に限った話ではありません。**ビジネスの最前線においても、あるいは政治の世界においても、常に米国は各界のリーダー的存在であり**、だからこそ、その一挙手一投足が注目されているのです。

米国の次に注目されるのは日本です。米国がトレンドをつくった後、日本がそのトレンドに沿った方向に、政策などの舵を切っているのかどうかという観点で、日本の経済指標をチェックします。

その次が中国。中国は世界の工場として、さまざまな国からの仕事を受注しています。つまり中国の製造業が今、好景気に湧いているのか、それとも不景気に苦しんでいるのかという点を見るだけで、世界経済の状況、各国の景気動向が大まかにわかります。

最後にＥＵ（欧州共同体）の経済指標にも簡単に目を通しておきます。米国や日本、中国に比べて、欧州のプレゼンスは弱いのですが、それでもＥＵ全体で見れば、その

世界経済のトレンドをつかむには

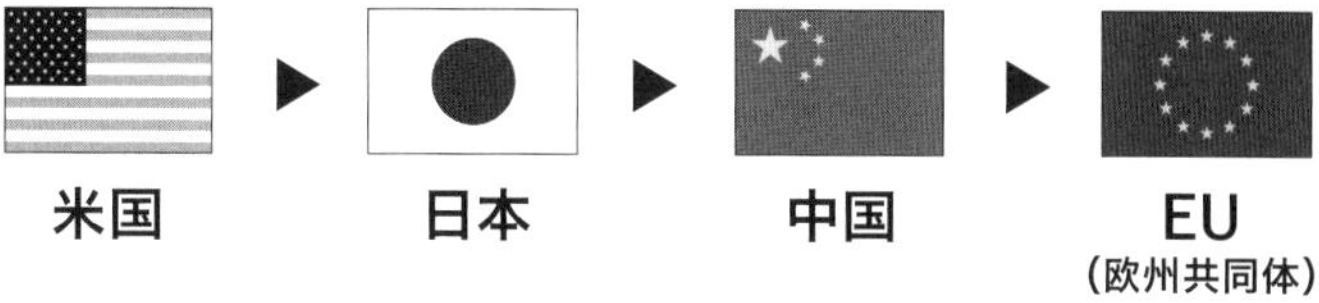

この順番で経済指標に注目していく

経済規模は米国の7割に相当します。そのくらいの経済規模を持っているのです。だから無視はできません。

なかでも**ドイツは、EUのなかで最も強い経済力を持っています**。ですから、**ドイツの鉱工業生産やPMIなどは、必ず目を通すようにします**（詳しくは第3章）。

以上、各国の経済活動の規模と流れを解説しました。投資家のみなさんは、まずは米国の経済指標を見るのが一番重要です。日銀短観や日本の雇用関連統計、GDPなどは、日本の新聞などに大きく報じられることもありますが、マーケットに及ぼす影響力という点では、米国の経済指標に敵いません。

いくら日本の雇用関連統計が絶好調だったとしても、米国の雇用統計のひとつである**「非農業部門雇用者数**

（nonfarm payrolls）」の数字が絶好調だったら、円は買われるどころか、逆に大きく売り込まれることになります（53ページで詳しく解説しています）。日本の経済が絶好調でも、円が売られるのです。それだけ米国経済が世界経済に及ぼすインパクトが大きいということです。

そうである以上、ちまちまと日本の経済指標をチェックする必要は、ほとんどありません。まずは米国の経済指標で押さえるべきものを押さえておけば良いのです。

さらに、米国のたくさんある経済指標をすべて理解する必要も、ありません。特に、マーケットに強いインパクトを及ぼす次章で述べる12の経済指標だけを理解しておけば、第1ステップは完了です。

米国経済指標の何が重要なのかについては、次章以降で詳しく説明するので、本章ではざっと「全体像」を説明しておきます。

米雇用統計は、マーケットを大きく動かす

とにかく大事なのは**米国の「雇用統計」**です。本書で「大事」というのは、すべて

「相場にとって大事」という意味であることを念頭に置いて、読み進めてください。

雇用統計は毎月第1金曜日に発表されます。米国だと午前8時半で、これは日本時間だと午後9時半に当たります。(夏時間のとき。冬時間だと午後10時半)。この時間に米ドル/円の為替レートをリアルタイムで見ていると、発表直後に為替レートが激しく動くのがわかります。

雇用統計ではさまざまな数字が発表されるのですが、特に注視しておくべきなのが、**「非農業部門雇用者数」「失業率」「労働参加率」の3つ**。経済的に大きなトピックがない平時の際には、まず雇用統計が重視されます。

一方、その時々の経済情勢で大きなトピックがあるときは、それに関連した経済指標が注目を集めます。

たとえば2022年以降の米国では、インフレが加速しました。こういうときは、雇用統計もさることながら、インフレ率に対する関心が高まります。米国では**「消費者物価指数」**ならびに**「PCE(個人消費支出)」**の2つが注目されます。

基本的に低インフレのときには、これらインフレ関連の経済統計は、ほとんど注目されません。ただ、2022年のように**インフレが昂進すると、金融政策の変更が行われる**ので、一気に注目度が高まります。

また米国でインフレが生じている際は、それが米国国内特有の現象なのか、それとも世界的にそういう傾向があるのかを把握しておく必要がありますので、**米国の物価動向をチェックしたら、それに続いてユーロ圏、日本、中国の順**でインフレ率を見ていきます。

ところで物価には、「消費者物価指数」以外に**「企業物価指数」**というものがあります。消費者物価指数は、消費者がサービスや製品を購入する際の物価動向を示すものですが、**企業物価指数は企業間で原材料などを取引する際の物価動向**を示しています。

ちなみに「企業物価指数」は日本における名称で、他の国では「卸売物価指数」であったり、「生産者物価指数」であったりしますが、意味していることは同じです。

企業物価指数は、実は消費者物価指数ほどは重視されません。とはいえ、消費者物価指数と企業物価指数の間に乖離が生じているときは、ちょっと注意して見ておいても良いでしょう。たとえば2022年12月の、日本の企業物価指数は、前年同月比で

10・2%上昇であるのに対し、消費者物価指数の前年同月比は4・0%の上昇でした。つまり**この差にあたる6・2%の物価上昇分を企業が経営努力によって吸収している**ことになります。

しかし、無理はいつまでも続きませんから、どこかで消費者物価指数に反映されるのではないかという読みにつながっていきます。

さて、雇用統計と物価の経済指標をチェックしたら、米国なら**「小売売上高」**を見ます。というのは、米国経済は経済活動の大部分、約7割を個人消費が占めているので、小売売上高の動向は要チェックです。それだけ個人の消費意欲が強いということです。

同じことは日本にも当てはまりますが、日本の消費意欲はそれほど強くないので、その動向がマーケットに及ぼす影響は限定的と考えられます。

鉱工業生産は中国と日本の数字に注目

雇用統計や物価、小売売上高は、総じて個人消費の強さに関係してきます。**雇用の良し悪しは個人消費に影響しますし、消費者物価があまりにも高騰すれば、消費は徐々に落ち込んでいきます。**また、個人消費が落ち込めば、小売売上高は自然と低迷していきます。

こうした個人消費の良し悪しに対して、モノを生産する動きがどうなるのかを見るのに重視したいのが、**「鉱工業生産」**です。

ただし**鉱工業生産は、米国よりも中国の数字のほうが重要**です。なぜなら米国の場合、産業構造がサービス業寄りになっていて、製造業がＧＤＰに占める比率が低いからです（２０２０年時点、10・８％）。この点、中国は世界の工場として、さまざまなものを作り、世界中に輸出しているため、**中国の鉱工業生産は、製造業から見た世界経済の先行指標になります**。ＧＤＰに占める製造業の比率で言えば、中国に次いで日本、ユーロ圏、そして米国という順番になります。

製造面で鉱工業生産の次に注視したいのが**「PMI（Purchasing Managers, Index：購買担当者景気指数）」**と呼ばれるものです。PMIには総合PMIと製造業PMI、サービス業PMIがあります。これはその国々の経済構造によって見分けると良いでしょう。たとえば中国や日本であれば製造業PMIが中心になり、米国であれば製造業よりもサービス業が中心になるので、サービス業PMIをチェックすることになります。なおPMIは、米国では公表している組織の名前からISMとも呼ばれています。指しているものは同じです（第2章のISM参照）。

このように、消費する側ではなく**モノやサービスを提供する側の状況を国別で把握する際には、国の経済構造の違いによって、製造業を重視するのか、それともサービス業を重視するのかが違ってきます**。たとえば製造業であれば、前述したように中国が世界で最も多くのモノを作り、世界中に輸出していますから、**鉱工業生産や製造業PMIは、まず中国の数字を見る**。そして日本、ユーロ経済圏、最後に米国という順番で見ていきます。

またサービス業については、これはもう圧倒的に米国です。最近は徐々に日本もサービス業分野が伸びてきていますが、米国における個人消費は非常に規模が大きく、それだけに世界経済にも大きな影響を及ぼしますから、米国のサービス業PMIはしっかりチェックしてください。

GDPは遅行性の強い経済指標

その他にも細かい経済指標はたくさんありますが、基本的には以上に説明してきたような、雇用と物価、個人消費、生産関係の経済指標を押さえておけば第一ステップは完了です。

それ以外の経済指標について敢えて申し上げるなら、日本の場合だと**「有効求人倍率」**が国内景気の動向を把握するのに多少役立つことがありますし、外国人投資家が好きな日本の経済指標として、**「日銀短観」**も挙げられます（それぞれ第2章、第3章で詳述）。

日銀短観は、外国人投資家の間でも「TANKAN」といって、日本語のまま通用するくらいよく知られている経済指標です。外国人投資家が常にチェックしている以上、その動向がマーケットに及ぼす影響も大きいと思われるので、一応、目を通しておいたほうが良いかも知れません。

また、新聞の1面トップに大きな見出しで掲載されることの多い**「GDP（国内総生産）」**は、経済規模の実態を把握するうえで正確かつ重要な経済指標ですが、四半期に1度の公表ですし、たとえば1～3月期の数字が4月に発表されるので、**遅行指数**であることを理解したうえでチェックすることが肝心です。

発表されたGDPの結果を見て、マーケットが大きく動くことは、過去においてもほとんどありませんでした。マクロ経済分析を生業《なりわい》にしている人ならともかく、株式投資やFXで資産を増やしたいという人にとっては、それほど重要なものではありません。

そのほか、過去からの推移を把握しておく必要があるものとしては、**「経常収支」**があります。経常収支とは、海外との貿易や投資で日本がどれだけ稼いだかを示す数値。株価に及ぼす影響はそれほどでもありませんが、FXで通貨の売買をしている人は、一応、目を通しておくことをお勧めします。

というのも、過去からのトレンドを見て、経常収支の黒字が減少したり、赤字に転じたりしたとき、為替レートに影響を及ぼすことがあるからです。なかでも日本の経常収支の数字が悪化に向かっているときは、ほとんどの局面において円が売られています。

金利と中央銀行の動向を把握する

マーケット（市場）の動きも、経済の動きを読むうえでは参考になります。特にマーケットは、これまで説明してきた経済指標と違い、日々、時々刻々と数字が変動しています。したがって、**他の経済指標の何よりも先行性がある**と考えられます。

マーケットで注目したいのは**「金利」**です。金利といっても定期預金の利率ではありません。債券市場で付いている**債券の利回りに注目します。**

債券市場では1年債、2年債、5年債、10年債、20年債、30年債など、償還（払い戻し）までの期間がさまざまな債券が取引されています。このうち、**注目したいのが2年債と10年債の関係**です。

一般的に、償還までの期間が短くなるほど金利は低くなるのですが、時々**「逆イールド」**といって、償還までの期間が短い債券の金利が、長い金利よりも高くなること

「順イールド」と「逆イールド」

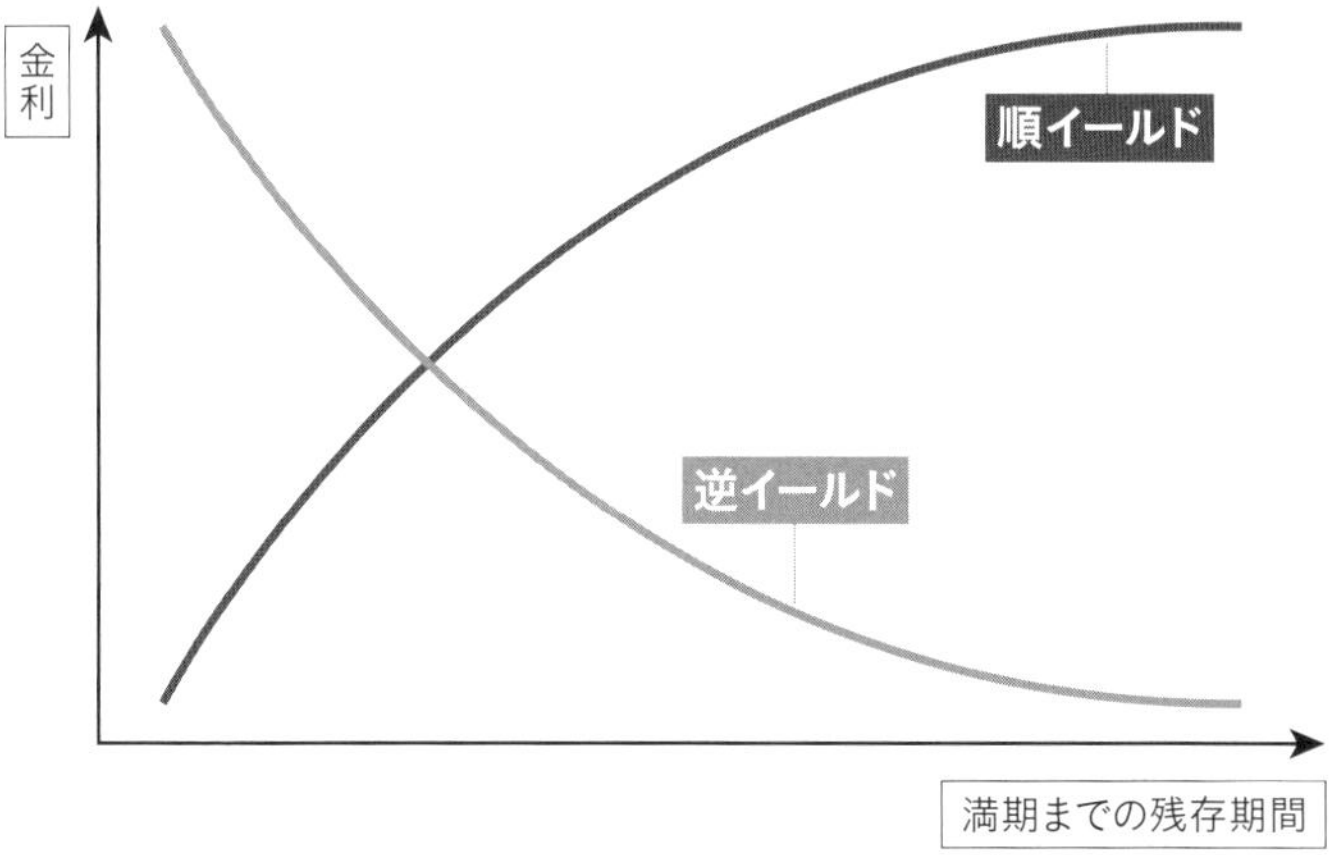

があります。このような状況は、先行き景気が悪化するサインと言われています（詳しくは第3章）。

債券市場は、株式市場に対して約2倍の規模があり、そこには大勢のプロの投資家が参加しています。

しかも債券の投資家は、株式の投資家に比べて長期的な視点を持ち、各国のファンダメンタルズ（経済状況を示す基礎的要因）に沿った運用を行います。一方で株式投資家は、長期的なファンダメンタルズよりも、目先の心理的な思惑に左右される傾向があるので、株価よりも**金利のほうが、景気の先行きを正確に反映して動いている**と考えることができます。

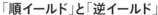

金利が出たついでに触れておきますが、各国**中央銀行**の動きも、ざっと見ておくと良いでしょう。米国ならＦＲＢ、日本なら日本銀行、ユーロ圏はＥＣＢ、そして中国の人民銀行。この4つの中央銀行が、世界の金融を動かしているといっても過言ではありませんし、たとえばＦＲＢならＦＲＢ議長、日本銀行なら日銀総裁が、定期的にコメントを出しています。その文言には、**各国の中央銀行が今後の世界経済をどのように見ているのか**といった内容が含まれていますので、ニュースなどで取り上げられている際には、ホームページなどで再確認しても良いかも知れません。

ちなみに中央銀行で注目する順番は、米ＦＲＢ、日銀、ＥＣＢ、人民銀行です。特に米国のＦＲＢと日銀は、世界中の国々と**「スワップ協定」**を結んでいます。これは、協定を結んでいる国がドル資金を必要とした場合、その国にドル資金を供給することを確約した協定です。

この協定を多数の国々と締結しているのが米ＦＲＢと日本銀行です。言い換えると、ＦＲＢと日銀は世界の中央銀行的な役割を果たしているとも言え、それだけに両中央銀行の動向は、ＥＣＢや人民銀行以上に重視するべき存在と言えるのです。

日中を手がかりにして、米国でポジションをとる

ここまでざっと触れてきた経済指標について、次章以降で、より深く説明していきますが、投資をするうえで**まず注目すべきは、米国の経済指標**です。株式市場でも債券市場でも、あるいは外国為替市場でも、マーケットに参加している投資家が常に注目しているのは、**「米国経済が今後良くなるのか、それとも悪化するのか」**ということです。したがって、株価や金利、為替レートは、米国の経済指標が発表されたときに大きく動く傾向が見られます。というわけで、次章で扱うのは米国の特に主要な経済指標です。

ただ、米国の経済指標がどうなるのかを先読みする際に参考になるのが、日本や中国の経済指標です。

前述したように、日本や中国の鉱工業生産は、世界のモノづくりの動きに先んじて変動します。つまり**日本や中国の経済指標をヒントに、今後の経済の動きがどうなるのかなど、おおまかな当たりを付け、米国の経済指標に何か変化が見られたら、ポジ**

ションを取る。

そのようなイメージを頭に浮かべながら、次章以降を読み進めてください。

第2章

絶対に
押さえておくべき
米国の12の経済指標

発表される主な経済指標 2023年2月の場合

1日	1月	ADP雇用者数
	1月	ISM製造業景況感指数
3日	1月	雇用統計
10日	2月	ミシガン大学消費者態度指数
14日	1月	消費者物価指数（CPI）
15日	1月	小売売上高
	1月	鉱工業生産指数
16日	1月	住宅着工・許可件数
17日	1月	景気先行指数
24日	1月	個人所得・支出（PCE）
27日	1月	耐久財受注
28日	2月	消費者信頼感指数

1 雇用統計

株価や為替に大きな影響を及ぼす要注目の経済指標

数ある経済指標のなかでも、米国の雇用統計ほど株価や為替レートに大きな影響を及ぼすものはありません。最重要の指標と言えます。

発表は基本的に毎月第一金曜日。米国時間の午前8時半に発表されます。時差の関係上、日本でその結果がわかるのは、金曜日の夜です。夏時間が適用される3月の第二日曜日～11月の第一日曜日までは午後9時半が、そして夏時間の期間以外で適用される冬時間の間は、午後10時半が、日本における雇用統計の発表時間になります。

なぜ雇用統計が重視されるのかというと、**第一に非常にタイムリーな指標**であることです。

発表されるのが毎月第一金曜日ですから、曜日の位置にもよりますが、**前の月末か**

米労働省労働統計局のホームページ

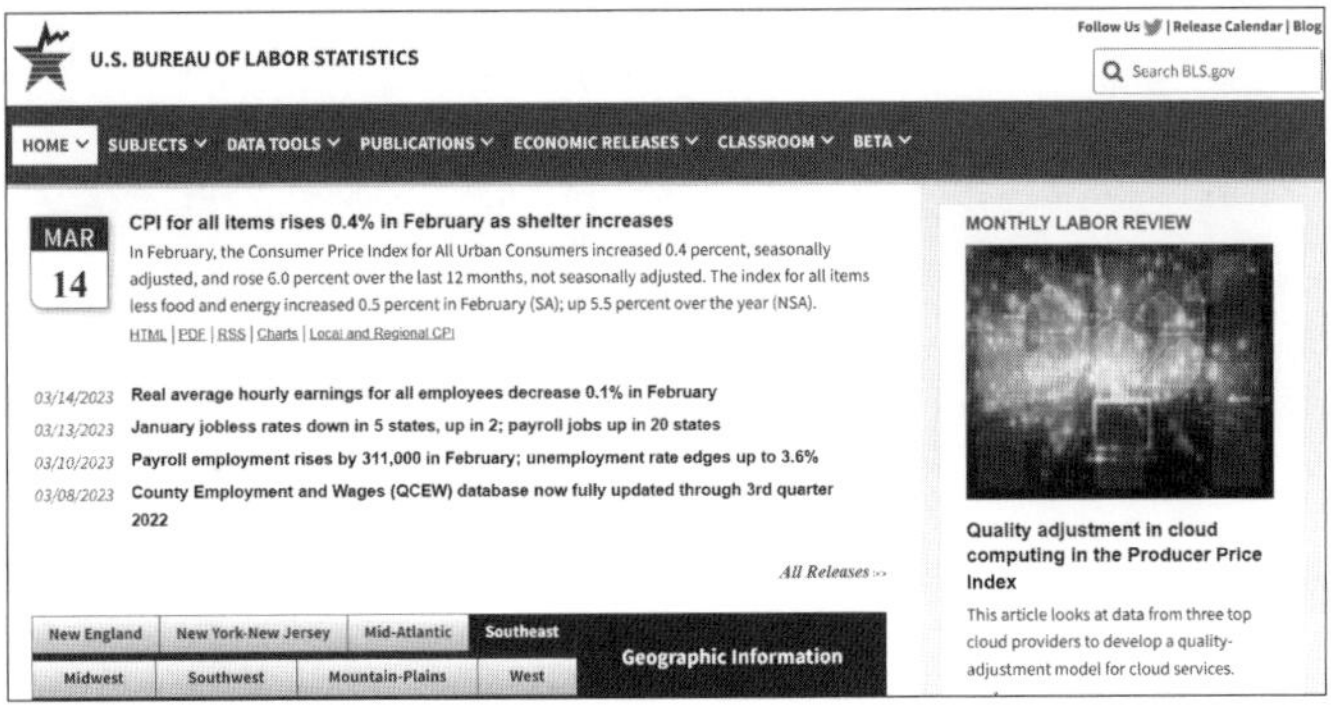

とくに重要な項目は、失業率（Unemployment rate）、非農業部門雇用者数（nonfarm payrolls）、労働参加率（labor force participation rate）

らそれほど日数を置かずに、前月の内容が発表されます。多くの経済指標は、集計が終わって発表されるまでの間、多少の日数を必要とするため、若干遅行する傾向があるのですが、**雇用統計はほとんどタイムラグがありません。**

　雇用統計が重宝されるもうひとつの理由は、かなり詳細なレポートが出ていることです。雇用統計というと、失業率や非農業部門雇用者数の数字が注目されがちですが、実はこれらの数字以外にも詳細なレポートが出ていて、それをエコノミストや、機関投資家で運用を担当している人たちが重視しているのです。

英文表記ですし、実際にこれを読むためには、米労働省労働統計局のホームページにアクセスしなければならないので、日本の個人投資家には少しハードルが高い面もあるかもしれません。しかし、機関投資家やエコノミストなど、マーケットに関係している人の多くが注目していますから、それだけマーケットに大きな影響を及ぼすという点も踏まえて、せめて数字だけでも追っておくと良いでしょう。

知っておきたい「失業者」の定義

雇用統計を作成するにあたっては、米労働省がおよそ6万世帯、そして44万の法人や機関に連絡して、アンケート調査を行います。前者を家計調査、後者を事業所調査と言います。「今、働いていますか」、「働いているとしたらフルタイムですか、パートタイムですか」、「働いていないとしたらどのくらいの期間、働いていないのですか」といったことを質問していくのですが、そのなかでキモになるのが、**「この1カ月のうち、あなたは仕事を探す努力をしましたか」**というものです。

米国の「労働力」には定義があります。それは「仕事をアクティブに探している人」のことです。そして**1カ月間、仕事のない人が自分で仕事を探す努力をしているのに、仕事が見つからない場合、労働力の中における失業者にカウントされます**。

2008年9月に発生したリーマンショックでは、2008年5月くらいから雇用情勢に悪影響が生じてきました。2009年10月にかけて失業者が増大し、失業率は10%まで上昇。特に、24歳以下の若年労働者に大きな悪影響が及び、2009年3月の若年労働者の失業率は11・3%まで上昇しました。

このリーマンショックでは、なかなか景気が本格回復へと向かわず、雇用も改善しませんでした。そのなかで、仕事探しを止めてしまった人も多数出たと言われています。仕事を探す努力をしなかった人は労働力として認められないため、その人たちの失業は、失業率にカウントされないのです。

したがって、仮に失業率が改善に向かったとしても、**仕事探しをあきらめた失業者がどの程度いるのか**、という点も踏まえて考える必要があります。

また、あくまでもアンケート調査なので、聞かれた人が正しく答えているのかという問題もあるのですが、一応6万人に聞いているので、それによって算出される数字の確度は、ある程度、高いと考えても良いでしょう。

景気の転換点を雇用統計から判断

雇用統計のひとつである「非農業部門雇用者数」の数字は、マーケット関係者が常に注視している経済指標です。これは**自営業者と農業従事者を除いた雇用者数の増減を、前月比で見るもので、大体15万～20万人増であれば好調と考えられます**。逆に、景気が悪化すると前月比で大幅マイナスということも起こるのですが、リセッション（景気後退）が最終局面に近づくと、非農業部門雇用者数の数字は徐々に上昇していきます。トレンドから見て上昇の兆しが見えてきたら、不景気もようやく終わりに近づいていると判断できるのです。

景気は一般的に「拡大局面」と「後退局面」があり、その繰り返しを景気サイクルと称しているのですが、米国ではこれをＮＢＥＲ（全米経済研究所）という機関が判断しています。日本だと内閣府がその任に当たっています。

米国では1854年以降、34の景気サイクルがあり、かつ第二次世界大戦以降では12の景気サイクルが認められています。

そのうち、**リセッションの期間を平均値で見ると、大体11カ月程度**と言われています。したがって、米国の景気がリセッション入りして**11カ月程度の時間が経過した後、非農業部門雇用者数の数字が上昇しているかどうかを確認します**。もし上昇していれば、いよいよリセッションも終わりに近づいたと考えられるのです。その意味では、景気の転換点を把握するうえで重要な経済指標といえるでしょう。

その他、雇用統計に関連した数字で見ておくべきものは、たとえば**製造業における労働時間**です。製造業は比較的、景気に敏感なところがあるので、景気が転換するサインになります。具体的には、この労働時間が40時間を下回ると景気後退局面のサイン、40時間を超えてくると景気拡大局面のサインと考えられます。こちらは事業所調査でわかります。

また、これらはいささかマニアックな話ですが、**トラックの運転手の需要**が高まると、それだけ物流が活発であることの証拠ですから、景気は拡大局面に向かうと判断できますし、**チャイルドケアサービス**といって、託児所のスタッフ募集が増えると、やはり景気が拡大しつつあると判断できます。

片働きの家庭であれば、チャイルドケアサービスの利用ニーズは基本的にありませんが、共働き家庭だと、この手のサービスは必須です。チャイルドケアサービスのスタッフ募集増加は、共働きができるほど人を雇う意欲が企業側にあることを意味しますから、景気が拡大局面にあると考えられるのです。

雇用統計がマーケットに及ぼす影響

雇用統計の数字がマーケットに及ぼすインパクトは、ひとえに**「事前予想」の数字と実際の数字との乖離がどのくらいなのか**によって、変わってきます。

事前予想に対して大幅なプラス乖離が生じた場合は、株式市場にとって「ポジティブ・サプライズ」になるため、株価は大幅に上昇します。

たとえば平時のとき、非農業者部門雇用者数の事前予想が前月比20万人増だとして、実際の数字が50万人増だったら、事前予想を大幅に上回ったことになりますから、これはポジティブ・サプライズです。株価は大きく上昇するでしょう。

逆に、事前予想が同じでも、実際の数字が10万人増だったら、これは明らかにネガティブ・サプライズと受け止められて、株価は大きく下げます。

とはいえ、景気が非常に過熱しているときに、非農業者部門雇用者数の実際の数字が大幅増になったりすると、近々、FRBがインフレを抑制するために金融の引き締め政策をとってくる可能性が高い、という連想が働き、逆に金利上昇を嫌気して株価が下げるケースもあるので、ケース・バイ・ケースの面があるのも事実です。これは、米国市場の2022年後半以降に見られた現象です。

債券価格と利回りの関係

次に債券市場の反応ですが、これは株式市場とは逆の動きになります。つまり雇用統計の数字が事前予想よりも良い場合、債券相場は急落します。

債券の細かな理屈は覚えなくても良いのですが、

①金利が上昇すると債券価格は下がる
②金利が低下すると債券価格は上がる

この2点だけは頭の中に叩き込んでください。債券は、償還まで保有すると定期的に利払いが行われ、償還日には額面に表示された金額で元本が戻ってきます。

でも、償還まで保有しなくても、債券市場で債券を売却すれば、それを買いたいと考えている投資家によって買われます。債券の売り買いの際に適用されるのが債券価格で、たとえば額面金額が１００円であるのに対し、金利の動向次第で１０１円で取引されることもあれば、99円で取引されることもあります。額面金額が１００円で固定、利率も固定だとしたら、購入したときの債券価格がいくらになるのかによって、最終的な債券の利回りも変動します。当然、債券価格が額面金額を超えれば、利回りは低下し、債券価格が額面金額を下回れば、利回りは上昇します。

ということは、雇用統計の数字が非常に堅調となれば、**将来、インフレリスクが高まる恐れがあると考えられ、債券市場で売買している投資家の多くが、手持ちの債券**

債券価格（利回りは2%と仮定）と金利の関係

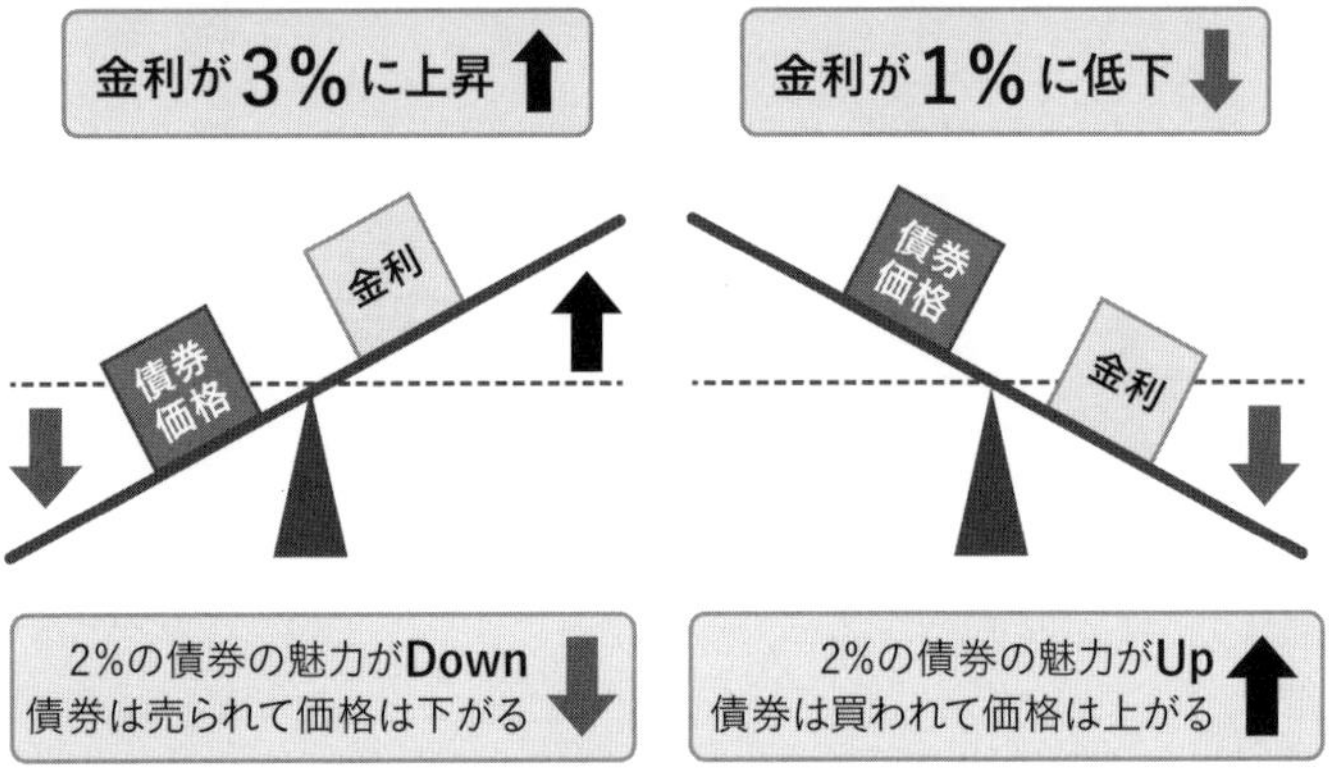

日本証券業協会のテキストをもとに作成

を売却しようとします。金利上昇が見込まれ、それにともなって債券価格の下落が想定されるからです。結果、債券価格が下落すると、利回りが上昇するのです。これが、雇用統計の数字が好調なときは、株価は値上がりする一方で、債券価格には下落圧力がかかってくるロジックです。

ただし、これも景気が今、どの場面にあるかにもよるのですが、たとえばリセッションから抜けたばかりのときであれば、いくら雇用統計の数字が良かったとしても、マーケット関係者は景気が過熱しているとは思いませんから、債券マーケットに及ぼす影響は、軽微なものにとどまります。金融引き締めに転じるという連想が働きにくいため、債券価格は下がらずに済むのです。

つまり株価と債券価格は、雇用統計の数字が良かったからといって、素直に「株価上昇」、「債券価格下落」とはならず、**そのときの景気がどういう局面にあるのかを慮ってから動きます**。

為替は素直に反応する

これに対して、景気の現状などをまったく考慮せず、単純に雇用統計の数字が良ければ買い、悪ければ売り、となるマーケットが**外国為替市場**です。

外国為替市場ではさまざまな通貨が売買されていますが、非農業部門雇用者数は米国の経済指標なので、その結果は言うまでもなく米ドルの値動きに影響を及ぼします。

たとえば米ドル/円レートに関していえば、**非農業部門雇用者数が大幅に伸びれば米ドルは買われ、逆に大幅に増加数が減ったりすれば、米ドルは売られます**。

繰り返しますが、これは今の景気が過熱気味なのか、それともリセッションを抜けて回復局面にあるのかは、一切関係ありません。

日本の有効求人倍率について

日本の雇用関連の統計についても簡単に触れておきます。実は日本でも、雇用に関する経済指標は定期的に出されています。失業率や有効求人倍率がそれです。

正直、米国のそれと比べてマーケットに及ぼす影響がほとんどないので、投資をするうえではほぼ無視しても良いくらいのものではあるのですが、日本の景気サイクルを把握するにあたって、重要視されているのが**「有効求人倍率」**です。

有効求人倍率は、仕事を探している1人に対して、何件の求人があるのかを示した数値。つまり**就職のしやすさを把握するための経済指標**です。たとえば求職者が100人いて、そこに求人が150件あるとしたら、有効求人倍率は1・5倍になります。

過去の数字を見ると、バブル経済がピークを迎えた1990年、有効求人倍率は最高1・43倍まで上昇しましたが、その後のバブル崩壊によって大きく低下し、1999年には0・34倍にまで悪化しました。このときは「就職氷河期」と言われた時期です。

その後、徐々に回復するものの、リーマンショック後の2009年5月には、史上最低の0・32倍まで低下。この数字が1990年の最高値を更新したのが、2018年の1・62倍だったのです。

このように、有効求人倍率の上昇・下降を見ていると、ほぼ日本の景気サイクルをきれいに捉えていることがわかります。日本の景気サイクルという、極めて限定的な状況判断にしか使えませんが、一応、頭に入れておいて損はないでしょう。

2日早く雇用統計の数字を予測するには

雇用統計は米国政府が作成・公表している経済指標ですが、一民間企業が作成・公表している雇用統計もあります。それが**「ADP雇用統計」**です。

ADPとはAutomatic Data Processing社という、40万社以上の給与計算を代行している企業が、オフィシャルな雇用統計の2日前に公表しているものです。雇用統計は毎月第一金曜日の公表なので、**ADP雇用統計はその2日前の第一水曜日**になります。

40万社以上の給与計算ということは、米国の労働者でいうと6人に1人が、この給与計算代行サービスにあてはまることになります。物凄く大きなデータベースといっても良いでしょう。

しかも、オフィシャルな雇用統計はアンケート調査によるものですが、**ADP雇用統計はリアルな給与データに基づいて計算されるものなので、データの確度が非常に高い**。それが、オフィシャルな雇用統計の2日前に公表されますから、少しでも早くポジションを取りたいマーケット関係者にとっては、関心の高い経済指標のひとつになるのです。

たとえば為替の取引をしている人たちであれば、ADP雇用統計の数字を見て、その2日後に発表される、オフィシャルな雇用統計がどうなるのかを、おおまかに判断できます。

ただし、ADP雇用統計とオフィシャルな雇用統計で、結果が異なるケースもあるので注意は必要です。専門家でもない限り、金曜日に発表されるオフィシャルな雇用統計を見ておけば十分でしょう。

2 新規失業保険申請件数

失業保険の申請件数が表す雇用の実態

昔からある経済指標のひとつですが、近年になって日の目を見るようになったといぅか、注目されるようになった米国の経済指標が、**「新規失業保険申請件数」**です。

名称からもわかると思いますが、申請された失業保険の件数をトラックしたものです。失業保険の申請件数が増えるということは、つまり失業する人が増えていることと同義ですから、景気がリセッションに入った可能性が高いと判断されます。

なぜ、この経済指標が改めて注目されるようになったのかというと、一番の理由は**一致指数として正確性が高い**ことです。

何しろ**毎週発表**されていますから、発表頻度が1カ月に1度の雇用統計に比べて、タイムリー性が高いという特徴があります。つまり今、景気がどういう状況にあるのかを、最もタイムリーに、かつ素早く把握できるのです。

この数字を見る際のポイントは、**数週間以上にわたって申請件数が40万件を超えている場合は、景気悪化局面にあり、逆に長期にわたって申請件数が37万件を下回った場合は、景気回復局面にあると判断できる**ことです。

また数字を見る場合の注意点ですが、毎週公表されるという点に問題があります。確かに、タイムリーな状況を把握するためには、頻度が高いほうが良いのですが、その分だけ数字のブレが大きくなるケースがあるのです。そういうクセがあるので、実際に新規失業保険申請件数を見るときは、1週間の数字で判断するのではなく、数週間の傾向を追うようにしましょう。

3 小売売上高

数値化された米国人の消費意欲

米国の景気を見るうえで重要な経済指標のひとつです。

なぜ重要なのかというと、**米国では個人消費がGDPの7割を占めている**からです。つまり経済活動の7割が、個人消費によって動かされているのです。

そして、**小売売上高は、個人消費全体の3分の1程度を占めています**。小売売上高が好調だと、株価にとってはプラス、債券にとってはマイナス、為替にとってはドル高要因として作用します。小売売上高が好調ということは、米国の景気が良いことを示すからです。

ただし注意点があります。小売売上高で把握できるのは、デパートやスーパーマーケットでの買い物、ガソリンスタンド、レストランなど、具体的なモノを通じての消費動向であり、**飛行機に乗って出かけましたとか、どこかに旅行したとか、美容院に**

行ったとか、映画を観た、コンサートに行ったといったサービスに関連した消費については、把握できません。

あと、数字が名目値であることも要注意。**名目値とは、物価上昇率を加味しない裸の数字**と考えてください。名目値から物価上昇率を差し引いた数字が、「実質値」と呼ばれるもの。名目値と実質値は経済指標を見る際の基本なので、覚えておきましょう。

たとえば小売売上高が前年同月比で8％の伸びを見せたとします。8％の伸びは、かなり消費意欲が旺盛だと考えられるのですが、同じ期間で物価が8％上昇していたとしたらどうでしょうか。小売売上高の上昇率はすべて物価高によってもたらされただけの、見かけ倒しの数字ということになります。

逆に小売売上高が3％の伸びにとどまっていたとしても、物価上昇率が▲2％だとしたら、名目上の小売売上高が3％の伸びでも、実質的には5％伸びているのと同じことになります。

「実質値」 ＝ 名目値 － 物価上昇率

4 GDP 国の経済規模を把握する

GDPはGross Domestic Productの略で、「国内総生産」と言います。重要度は「中位」といったところでしょうか。状況次第では重要視されることもありますが、速報性に欠ける面もあるので、マーケットで株式や債券などを売買するにあたって、判断材料にするような経済指標ではありません。

GDPの示すところは、総額を見ることによって**各国の経済規模を比較できる**のと、前年同期比の伸び率を見ることによって、**その国の経済がどのくらいのスピードで伸びているのか**、あるいは縮小しているのかを判断する材料になります。米国はもちろんのこと、日本や中国など世界各国がこの統計を取っています。

GDPの計算は、その国において一定期間中に生み出された財やサービスの金額をすべて足し上げたものです。自動車や住宅、テレビゲーム、医療費、インスタントラーメンなど、とにかく一定期間中につくられた財・サービスはすべて含まれます。輸出された財やサービスも含まれますし、在庫になっているものも含まれます。つまり、**その国のアウトプット**と言っても良いでしょう。

ＧＤＰは四半期ベースで作成・公表されています。1～3月期、4～6月期、7～9月期、10～12月期の4回で、それぞれ前年同期比の伸び率をチェックします。

米国の場合、**年率換算で大体3～3・5％の伸び率が最適**と捉えられています。この程度の成長率を維持できれば、米国国民の多くが豊かさを実感できるという数字です。逆に、3％を下回るような事態になると、景気後退が現実化し、労働参加する人たちを吸収し切れなくなり、最終的に失業率の上昇につながるとされています。

もっとも、成長スピードは速ければ速いほど良いというものではありません。新興国であれば、かつての中国のように10％台のＧＤＰ成長率も許容できますが、米国のように先進国になると、10％の成長率は逆にマイナスの影響を及ぼすことになりかねません。景気が過熱してしまい、インフレを誘発してしまうからです。

なお、GDPと似ている経済指標に**「GNP」**があります。GDPが国内総生産であるのに対し、GNPは国民総生産です。

何が違うのかというと、GDPは日本なら日本、米国なら米国という一国内で生産されえたすべての財・サービスの金額を合計したものです。したがって、米国で生産しているトヨタのトラックは、米国のGDPにカウントされます。

対してGNPは国民総生産ですから、その国の国民が生み出した財・サービスの合計額になります。したがって、トヨタが米国で生産しているトラックは、日本のGNPにカウントされるのです。

かつて日本ではGNPによって経済規模を示していましたが、今はGDPが用いられています。これは他の国も同様です。

GDPは遅行指数

ところでGDPは、雇用統計のような景気の一致指数としての役割は期待できません。GDPの数字は、たとえば1~3月期の数字は4月に、4~6月期の数字は7月に公表されるため、景気に対しては遅行指数になります。つまり、GDPでは景気の先行きを予測することはできず、**あくまでも現状確認に留まります**。

したがって、マーケットにおいてはそれほど重要視されていません。特に景気が安定して推移している状況下においては、話題にもならなければ、ニュースで取り上げられることもないといって良いくらいです。

ただし、**景気の転換点においては注目されます**。実は、GDPは総額だけでなく、個人消費や企業の設備投資、住宅投資、医療費や介護給付金、公共投資など、非常に幅広い統計データがあります。そのため、一国の経済活動において、**セクター別の強弱感を捉えることができます**。

もちろん、それはエコノミストなど経済の専門家が見るべき領域であって、一個人投資家であれば、そこまで詳細なデータを追う必要はありません。特に株式市場は、GDPの数字に対して、ほとんど無反応といっても良いくらいです。

ただ、プロの投資家がGDPを常時ウォッチしているのは、債券市場に対して比較的、敏感に反応するからです。

基本的に、ＧＤＰの数字が強いと、債券は売られる傾向が強まります。つまり長期金利は上昇します。それとは逆にＧＤＰの数字が弱いときは、債券が買われて長期金利は低下します。

また為替レートについては、ほぼ例外なくポジティブな要因として受け止められ、米国ＧＤＰが好調なときはドル買いが続く傾向が見られます。

5 個人所得・支出

個人支出はCPIの先行指標

毎月下旬に米国の商務省が作成・公表している経済指標です。米国の個人所得、ならびに個人支出の前年同月比が注目されます。貯蓄率も同時に発表されます。

前述したように、米国経済は個人消費がGDPの7割を占めています。このように消費ベースの経済圏なので、消費者がお金を使わないと、経済が低迷してしまいます。もちろん、無い袖は振れませんので、個人所得の伸びが低迷する一方で個人消費が大きく伸びているような状態は、決して健全な経済運営がなされているとは思えません。所得が伸びない分、借金をして消費に回している恐れがあります。

とはいえ、個人所得が大きく伸びているのに、個人支出が一向に増えない状況も、また望ましくありません。多くの人が将来の不安を抱えて貯蓄に走っている恐れがあるからです。貯蓄率は上昇するかも知れませんが、消費がどんどん落ち込み、やがてデフレ経済に突入するかも知れません。

したがって、個人所得と個人消費は、ともにおなじような成長スピードで伸びることが理想です。

ちなみに「個人所得」は、給与、賃貸収入、利子配当等の合計額から、社会保険料を控除した後の、個人が実際に受け取った正味の所得を指します。また、「個人支出」は、自動車や家電製品などの「耐久財支出」、食品や衣料などの「非耐久財支出」、旅行や外食などの「サービス支出」から構成されています。

この個人支出のことを「PCE:Personal Consumption Expenditure」と称するのですが、米国の中央銀行である**FRBは、物価動向を把握するうえで消費者物価指数（CPI、94ページで詳述）よりも、この個人支出を重視する**とも言われています。

個人消費が旺盛になれば、徐々に物価が上昇傾向をたどるので、個人支出の動向を押さえておけば、消費者物価指数が上昇する前にインフレの兆候を把握できるというわけです。つまり**個人支出は消費者物価指数の先行指数的な存在**と考えられるのです。

米国の家計は借金体質。だから金利にセンシティブ

前述したように、個人支出は「耐久財支出」「非耐久財支出」「サービス支出」の3つから構成されています。

このうち耐久財支出は、基本的には3年間以上の使用に耐えられる、価格的にも高額な商品が該当するもので、個人支出の15％を占めると言われています。

非耐久財支出は、３年未満の使用期間しかないもので、これが20～25％。そして、それ以外がサービス支出であり、これが65％程度を占めています。ちなみにサービス支出が個人支出に占める割合は、１９６０年代には40％程度だったので、この60数年間のうちに米国の個人支出は、**耐久財や非耐久財からサービス中心へ大きくシフト**してきたことがわかります。

そして、個人所得からこれら個人支出をすべて除いた後に残された金額が、貯蓄になります。つまり預金に預けられたり、株式や債券、投資信託を購入したりする資金に回されるのです。なお、米国は所得の大半が消費に回るため、貯蓄率は低くなりがちです。

貯蓄率を求めるには、**貯蓄額を可処分所得（収入のうち、税金や社会保険料などを除いた所得で、自分で自由に使える手取り収入のこと）で割ります**。たとえば可処分所得が100ドルで、このうち10ドルを貯蓄に回しているとしたら、貯蓄率は10％になります。

米国の貯蓄率は、1960年代までは8％以上あったのですが、そこからは低下傾向をたどり、1990年代には4％程度まで落ち込んでいました。しかも、リーマンショックの直前には、マイナスの貯蓄率になっていました。貯蓄率がマイナスというのは、**つまりお金を借りている**ことを意味します。収入を超える支出があり、そのギャップを賄うために借金を繰り返しているのです。

このように、米国の家計部門は基本的に**借金体質**です。だからこそ、金利上昇に対して過敏に反応するとも言えるでしょう。何しろ借金までして消費していますから、金利が上昇すると消費にネガティブな影響を及ぼします。その消費がGDPの7割を占める国だけに、**金利の上昇が米国の経済活動全体に及ぼす影響は、無視できません**。

2022年以降、米国でインフレが深刻化しました。通常、インフレが昂進すると、個人消費は低迷するものですが、小売売上高や個人支出が大きく低迷することはありませんでした。なぜなら、家計が借金体質だったからです。クレジットカードや消費者ローンのようなものを利用して借り入れ、消費に回していました。

ただ、借金をすればその分、金利がかかってきます。この金利が昨今、物価上昇に連動して上昇傾向をたどっているため、徐々に借金の返済が厳しくなっていきます。そのため、金利上昇がさらに続くようだと、一気に消費が落ち込む恐れがあります。

6, 7 消費者信頼感指数とミシガン大学消費者態度指数

景気や雇用情勢、消費動向などをアンケート

こちらは経済指標の重要度という点では、雇用統計ほど高くはなく、「中」くらいではありますが、景気が転換点を迎えるときに注目されることがあります。

消費者信頼感指数は、米国の**カンファレンスボード**（Conference Board：「全米産業審議会」とも呼ばれ、米国の経済団体や労働組合などで構成する非営利の民間調査機関）が発表している経済指標で、5000世帯の消費者を対象にして景気や雇用情勢、消費動向などをアンケート調査したものです。消費者の視点から米国経済の状況を把握できます。

また、似たような名称の経済指標に**「ミシガン大学消費者態度指数」**があります。

消費者信頼感指数とミシガン大学消費者態度指数の比較

	消費者信頼感指数	ミシガン大学消費者態度指数
主な調査対象	雇用情勢	個人の消費に対する期待感、経済情勢、資金繰り、所得
先行性	やや遅行	やや先行

似ているので、混同して使っている人も多いようですが、両者は似て非なるものです。ミシガン大学消費者態度指数は名前の通りミシガン大学が作成・公表している経済指標です。

カンファレンスボードが作成・公表している消費者信頼感指数は、どちらかというと雇用情勢にフォーカスしてアンケート調査を行ったものですが、ミシガン大学消費者態度指数は、個人の消費に対する期待感、経済情勢、資金繰り、所得にフォーカスしたものです。アンケート調査の対象者も、消費者信頼感指数の5000人に対して、ミシガン大学消費者態度指数は500人を対象にした電話アンケートです。

また、消費者信頼感指数は雇用情勢にフォーカスしているため、景気のリアルタイムな動きを把握するには、やや遅行性があります。なぜなら、**景気の良し悪しが雇用情勢に反映されるまでには、多少のタイムラグがある**からです。その点、**ミシガン大学消費者態度指数は、個人消費のセンチメントに影響を及ぼす項目を中心にしてアンケートが行われるため、景気の動きに先行しやすい傾向があります。**

マーケットに及ぼす影響としては、両者とも指数が下落した際には、株式市場にネガティブなインパクトになります。なぜなら、個人消費の後退によって企業業績が悪化するからです。

逆に、両者の指数が上昇傾向をたどる、あるいは高い水準を維持しているときは、株価にとって極めてポジティブです。

また債券市場には、両者ともそれほど強いインパクトにはなりません。ただ、**長期間にわたって強い数字が出続けると、インフレ懸念の強まりから、債券に対して売り圧力が強まることも考えられます。**ちなみに為替市場では、これらの数字が強いときにはドルの買い要因になります。

8

耐久財受注

耐久財メーカーによる今後の見通し

この経済指標は、マーケットに及ぼす影響がかなり大きいので、投資家は注視しておく必要があります。

基本的に多くの経済指標は、すでに起きた事実を数字で伝えるものが多く、したがって景気の動きに対して遅行するのが普通なのですが、**耐久財受注は、これから起こることを数字で示す、数少ない経済指標のひとつ**です。つまり景気の動きに先行する傾向があるのです。

なぜ景気に先行するのかというと、耐久財を製造しているメーカーが、数カ月間、あるいは半年間くらいで製造する耐久財の注文を、「受注」した段階で把握するものだからです。

したがって、**景気がリセッションの段階で、耐久財受注の数字が多少なりとも好転**

したときは、数カ月から半年先にはリセッションが終わっているという判断につながります。また、それとは逆に、景気が好調なときに、耐久財受注が多少なりとも落ち込む動きを見せた際は、数カ月後か半年後くらいにはリセッションに入る恐れがあります。

マーケットへの影響としては、景気が低迷している局面で耐久財受注の数字に改善の兆しが見えたときは、ポジティブなインパクトになりますが、景気が好調な局面で、さらに耐久財受注の数字が大きく上昇した場合は、景気が過熱していると考えられます。結果、利上げが行われるのではないかという見通しが浮上して、株価は下落します。いわば**Good News is Bad News**になるのです。

為替については、数字が良ければドル買い、悪ければドル売りというように、素直に反映されます。

また債券は、耐久財受注が事前予想に比べて強い数字だと、利上げ懸念から債券の売りにつながります。

9

鉱工業生産指数

製造業の稼働状況から景況感をつかむ

鉱工業生産指数とは、国内で生産された鉱業や製造業の生産動向を指数化したものです。簡単に言うと、**米国の製造業が活況かどうかを示す経済指標**と考えていただければ良いでしょう。

米国の製造業は年々、経済全体に占める比率が小さくなってきています。２０２０年時点で、製造業がその国の経済全体に占める比率を見ると、米国の場合、たったの10・８％です。日本は20％程度、中国で27・５％です。

したがって世界の工場である**中国の鉱工業生産指数は、世界の製造業の動きを先行する傾向がありますし、その観点で言えば日本の鉱工業生産指数は一致指数であり、米国のそれは遅行指数である**と考えられます。

では、低い比率にもかかわらず、なお米国の経済指標のなかで鉱工業生産指数が重用されるのはなぜでしょうか。実はちゃんと理由があるのです。

第一に、米国の中央銀行である**ＦＲＢが直接算出している経済指標**であるということです。これは日銀短観などもそうなのですが、やはり中央銀行が算出している経済指標は、その結果が金融政策に反映される可能性があるので、マーケット関係者にとっては気になるところです。

第二の理由は、**製造業の景気敏感性**です。米国経済の場合、大半がサービス業であることを考えると、もっとサービス業の動向をチェックする必要があるのではないか、と思ってしまいがちなのですが、実はサービス業は景気変動に対して安定的であるという特性を持っています。つまり、**景気の動向が反映されにくい**のです。なぜなら、サービス業は人の生活に密着したものが多いので、景気が悪くなったからといって簡単に止められるものではないのです。たとえば、景気が悪くなったから髪を切るのをやめよう、病院に行くのをやめよう、とはなかなかならないでしょう。

一方、自動車や家電製品など、鉱工業生産に含まれる製造業の製品というのは、景気が悪化すると買い控えられるものです。**それだけ景気の良し悪しを敏感に反映する**

のです。したがって、いくらサービス業が中心のビジネス構造になったとしても、鉱工業生産指数の動向を無視するわけにはいかないのです。

ちなみに鉱工業生産指数の動向は、株価を大きく押し上げるような要因にはなりません。

ただ、鉱工業生産指数の数字は、景気の動向を敏感に反映しますから、景気の転換点を把握するには適しています。

なお、鉱工業生産指数と共に、製造業の動向を把握するにあたっては、**「設備稼働率」**も参考になります。設備稼働率もＦＲＢが作成・公表している経済指標なので、鉱工業生産指数と同様に、マーケット関係者から注目されます。

設備稼働率は、生産能力に対して実際にどの程度の生産量なのかを示したものです。この数字が80％を超えると、設備投資が活発に行われると同時に、近い将来、インフレ懸念が強まるのではないかという見通しから、債券市場にとってはネガティブ要因となります。

10

ＩＳＭ製造業景況指数

購買担当者による将来の見通し

もうひとつ、製造業関連で重要な経済指標があります。それが**「ＩＳＭ製造業景況指数」**です。

ＩＳＭとはInstitute for Supply Managementの略で、「全米供給管理協会」のこと。この協会は、米国で最も権威のある職業組織のひとつで、アリゾナ州をベースにしている、企業の購買担当者が集まってできた組織です。そして**購買担当者とは、製品をつくるのに必要な原材料や部品などの資材を買い入れる担当者**のことです。

ＩＳＭは毎月、２つの大きなアンケートを行っています。ひとつは製造業の購買担当者に対するアンケートで、もう一つは非製造業（サービス）の購買担当者にあたる人たちを対象とします。大事なのは製造業のほうです。製造業が製品をつくるにあたっては、まず原材料や部品を調達する必要があります。**購買担当者は、自社製品に対する将来のニーズを予測して、原材料や部品を調達します。**

そのため、製品に対する注文が今後、増えそうだということになれば、購買担当者は原材料や部品の発注を増やしますし、この先、在庫が増えそうだとなれば、原材料や部品の発注を抑制します。つまり、近い将来における製造業への需要を先取りして、購買担当者の動静が左右されるのです。

このアンケートの結果は、毎月第一営業日に発表されます。**この数字が50を超えていると景気拡大、下回ると景気後退を示唆する**と言われています。米国経済の場合、この数字が50のときに、GDP成長率が2・5%程度になり、さらに数字が50よりも1ポイント上がるごとに、GDP成長率が0・3%ずつ押し上げられると言われています。

したがって、株価にとってISM製造業景況指数が50を超えて上振れるのは、ポジティブ要因になります。特に景気低迷期にこの数字が50を超えてくると、景気回復局面に入ったと考えられます。

ただし、景気が過熱しているような局面で、さらに上昇すると、今度はインフレリスクが高まるため、株価にとってはネガティブ要因になります。

また債券市場は、ＩＳＭ製造業景況指数に対して、かなり敏感に反応します。この数字が事前予想に比べて強いと、ほぼ例外なく債券が売られます。つまり金利が上昇します。**米国の長期金利は、ＩＳＭ製造業景況指数に対して70％程度の相関性がある**と言われています。

数字とマーケットの関係を整理すると、50以上が続くと金利に上昇圧力がかかってきます。結果、債券は売られやすく、株式は買われやすくなります。

そして、45～50が債券にとって居心地の良い水準で、債券が買われて金利が低下します。特に45以下になると債券への投資意欲が強まり、債券価格が大きく上昇する一方、金利が大きく低下します。また為替への影響ですが、50以上でドルの買い意欲が強まる一方、50を下回るとドル売り圧力が強まります。

11

新規住宅許可件数

金利と住宅ローンが与える景気への影響

米国住宅市況は、景気に対して敏感に動きます。景気が悪くなりそうだとなると、真っ先に悪化し、景気に回復の兆しが見えると、住宅市況は真っ先に良くなります。またインフレに対しても非常に敏感です。**なぜ、こんなにも景気やインフレの動きに対して住宅市況が敏感に反応するのかというと、最大の要因は金利**です。金利が上昇すると住宅ローン金利も上がります。住宅ローンの金利が上がると、長期の住宅ローンを組んで住宅を購入するのが難しくなるため、住宅需要が落ち、住宅建設が減っていきます。2022年を通じて、米国の長期金利は1％から4％まで上昇したので、これから明らかに住宅セクターには強いブレーキがかかってきます。

加えて、住宅のディベロッパーも、住宅を建設するにあたって建設ローンを借り入れるため、金利水準が上昇したら開発事業も縮小します。

逆に、金利が低下すれば、住宅ディベロッパーは開発に積極的になり、個人も住宅購入に対して前向きに。しかし、景気悪化による金利低下の場合、住宅セクターは動きません。つまり、景気がよくて金利も居心地のいい水準にないといけません。

新規住宅着工件数と新規住宅許可件数の違いですが、着工件数は建設されたタイミングでの統計であり、**許可件数は着工前段階の基礎掘削の許可件数になります。その結果、許可件数のほうが着工件数に比べて先行する経済指標であるため、景気の先行指標**とも言えます。

住宅が景気に強い影響を及ぼす理由は、裾野が極めて広いからです。住宅を建てるためには、鉄鋼や木材、ガラス、パイプ、コンクリート、プラスティックなどさまざまな材料が必要になりますし、家が建てられた後も、家電製品や家具などの新規買い需要が期待できます。実際、米国では新しい住宅を1000棟建てると、2500人以上の正規雇用が生まれ、1億ドル以上の給与が支払われると言われています。

当然、新規住宅許可件数が伸びているときほど、株価は堅調に推移し、債券市場にとってはネガティブ要因になります。

12 消費者物価指数

理想的な物価上昇率は2％

マーケットを見るうえで重要な米国の経済指標のなかで、とりわけ重要なものの説明は、この**消費者物価指数（CPI）**で最後になります。

消費者物価指数とは、米国の労働省が毎月作成・発表している経済指標で、消費者が購入する商品とサービスの価格変動を測定したものです。つまり消費者物価指数の前年同月比がプラスだと物価上昇、マイナスだと物価下落を意味します。毎月、前年同月比がある程度の高さで上昇を続けるとインフレ懸念が浮上し、逆に大幅なマイナスが続くとデフレ懸念が浮上します。

基本的に物価の下落が長期にわたって続くと、景気は落ち込んでいきます。これは長期にわたるデフレを経験した日本の現状を見ればおわかりでしょう。

したがって、物価は緩く上昇し続けるのが良いとされています。

ただ、問題なのはどの程度の上昇が望ましいのか、ということです。毎月のように前年同月比で5％、8％という上昇が続いたら、収入に対して生活に必要なコストがどんどん上がってしまい、その国の生活レベルを大きく落としてしまうことにもなりかねません。したがって、経済が縮小せず、かといって生活レベルを大きく引き下げない程度に、物価が上昇を続けるのがベターと考えられています。

では、ベターと考えられる物価上昇率はどの程度なのかというと、これについてはありません。

2％というコンセンサス（合意）があります。

この数字には一切、科学的な根拠はありません。何となく、2％程度が良いだろうというコンセンサスがあるだけです。

この2％という数字に届かず、低インフレ、もしくはデフレになると、経済的にはかなり悪い状態になります。

1929年の世界大恐慌時、米国の消費者物価指数は大きく落ち込みました。1929年から1933年までの4年間で、消費者物価指数は24％も下がったのです。これはかなり厳しいデフレ経済といっても良いでしょう。

要するに物価は、上がり過ぎても駄目、下がり過ぎても駄目なのです。したがって、日本銀行やＦＲＢなど各国の中央銀行は、年２％というインフレ目標を定め、緩やかな物価上昇が続く状態を維持するために、金融政策に取り組んでいるのです。

株式市場の価格発見機能とは

中央銀行には２つのマンデート、使命があります。ひとつは**雇用の安定**であり、もうひとつは**物価の安定**です。雇用と物価の両方を安定させることによって、経済が持続的に成長できるようにするのが、日銀やＦＲＢなど各国の中央銀行の役目なのです。

ここ数年、日本銀行は市中に資金供給をするため、ＥＴＦと呼ばれる投資信託を山のように買いました。ＥＴＦは、日経平均株価やＴＯＰＩＸに連動した運用成果を目指す投資信託です。

したがって日銀がＥＴＦを買い続けるほど、そのＥＴＦが連動目標としている株価インデックスの構成銘柄に買いが入り、株価を押し上げる効果が得られました。これによって確かに日本の株価は下支えされましたが、同時に大きな問題を抱えることにもなりました。
それは、**マーケットの価格発見機能**が失われてしまったことです。これにより、「良いもの（企業）は評価され、悪いもの（企業）は淘汰される」といった常識が通用しなくなりました。

これについては少し面白い研究があります。野村アセットマネジメントが行った研究です。これは「向こう12カ月の業績が完璧にわかる」という前提で投資をしたら、儲かるか、それとも儲からないかを時系列に調べたのです。

当然、12カ月先の業績がわかっている前提で投資をするならば、誰でも12カ月先に好業績が得られる銘柄を選んでポートフォリオを構築します。したがって、12カ月先の業績が好調な銘柄の株価は、ほぼ間違いなく上昇します。

実際、時系列でそれを調べてみると、2000年から2010年まではその通りでした。

ところが、**2010年以降はこの関係が崩れていきました**。特に2019年は、12カ月先の業績がわかっている前提で投資しても儲からないという、歪《いびつ》な相場形成になっていきました。

ゴールドマン・サックスが作成した「ノンプロフィタブルIT指数」という、利益を出していない赤字企業群を構成銘柄とした株価インデックスがあるのですが、これがコロナショック後、物凄い上昇を見せたのも、価格発見機能が失われていることの証左といっても良いでしょう。

このように**価格発見機能が失われた最大の要因は、過去に例を見ない、大規模な金融緩和が行われたから**です。

本来、株式投資は企業の本質的な価値を見極め、株価が割安な状態で放置されている企業に投資する価格発見機能が重要であるはずですが、日本だけでなく米国においても、リーマンショック以降は大規模な金融緩和が行われたこともあり、価格発見機能が軽視されたのと同時に、金融緩和が続くからというだけの理由で、株式市場に資金が流れ込みました。

しかし、2022年以降はCPIの上昇と共に金融の引き締めが行われるようになりました。この先、**インフレが続くようであれば、そういう環境下でもしっかり業績を維持できる企業が選別され、その株式に投資する動きが出てくる**と思います。

その結果、金融緩和期に失われていた価格発見機能が、徐々に回復すると考えています。その意味でも、消費者物価指数の動向には要注目なのです。

第3章

景気複合指数と諸外国の経済指標

13 景気先行指数（LEI）

半年から2年ぐらいのスパンで世界景気を見る

前章では、主にマーケットへのインパクトという観点から、米国の12の経済指標を見てきました。

本章では**「景気複合指数」**といって、複数の経済指標を用いて景気の方向性、景気の勢いなどを把握する指標を扱います。

前章で取り上げた12の重要指標を見ていると、ある経済指標は景気回復局面にあることを示唆する数字が出ているのに、別の経済指標では、景気回復というにはまだ早すぎるような数字が出ていたりして、本当のところ、**何を見れば景気の転換点を正確に把握できるのか、よくわからないというケースがあります**。あるいは、季節要因などで、突然、数字が急上昇、急低下することがあります。これが一種の「ダマシ」のようになるのですが、**複合指数の場合、複数の経済指標の数字を合成するため、特定の経済指標が急上昇、急低下したとしても、全体で見ると平均化されます**。その結果、指数そのものの信頼度が高まるので、個別の経済指標で異常値が出ているときなどは、この手の複合指数を合わせて見ることにより、判断の間違いを減らすことができます。

前置きが長くなりましたが、まず知っておきたい複合指数は、**「景気先行指数（ＬＥＩ）」**です。これは、前章で触れた「消費者信頼感指数」を作成・公表している米カンファレンスボードが作成・公表しているもの。ＬＥＩとはLeading Economic Indexの略です。

カンファレンスボードでは、各経済指標の特性を活かして、景気の動きに先行する「景気先行指数」、景気とほぼ同じ動きをする「景気一致指数」、景気の動きに遅れる傾向がある「景気遅行指数」という三系統の経済指標を作成しています。そして、このうち最も注目されているのが、**「景気先行指数」**なのです。

非金融指数と金融指数で構成

景気先行指数は、全部で10種類の要素を合成して作成されています。10種類の要素とは、次のものです。

①製造業の週平均労働時間
②新規失業保険申請件数の週平均
③メーカーが新規受注した消費財
④ＩＳＭ製造業景況指数のうち新規受注
⑤メーカーが新規受注した航空機を除く資本財（非防衛産業）
⑥新規住宅許可件数
⑦株価（Ｓ＆Ｐ５００）
⑧先行信用指数
⑨ＦＦ金利と米10年国債利回りの金利差
⑩消費者の景気に対する平均期待値

カンファレンスボードによる景気先行指数

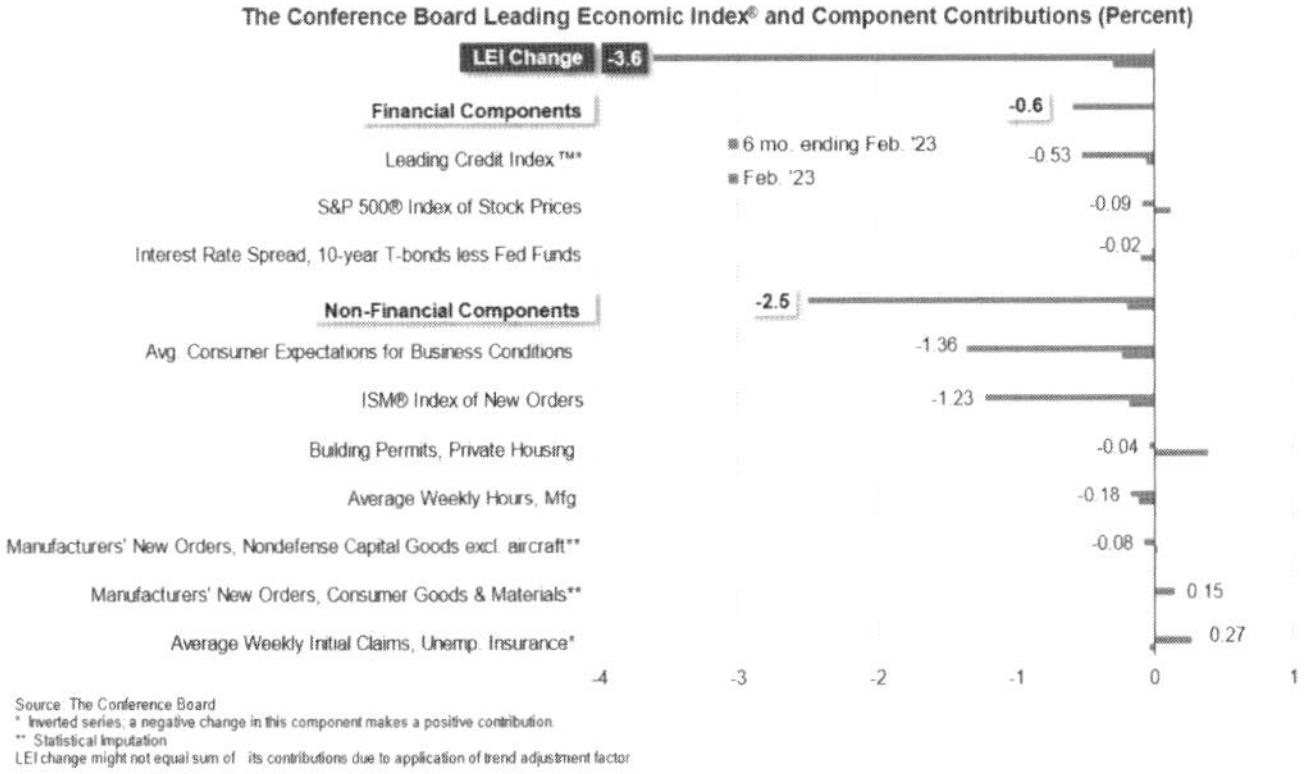

これらの経済指標を組み合わせ、加重をかけて算出するわけですが、そのサジ加減はすべてカンファレンスボードが決めています。これら10個の経済指標のうち7個は非金融指数で、残り3個が金融指数になります。

そして、7個ある非金融指数のうち最も比重が高いのが、①「製造業の週平均労働時間」。約28%程度の比重が掛けられています。

なぜ製造業なのかについては、すでに説明したとおりです。確かに、米国経済全体に占める製造業の割合は、年々減少傾向にありますし、現にサービス業に比べるとは

2000年以降の米国の景気先行指数

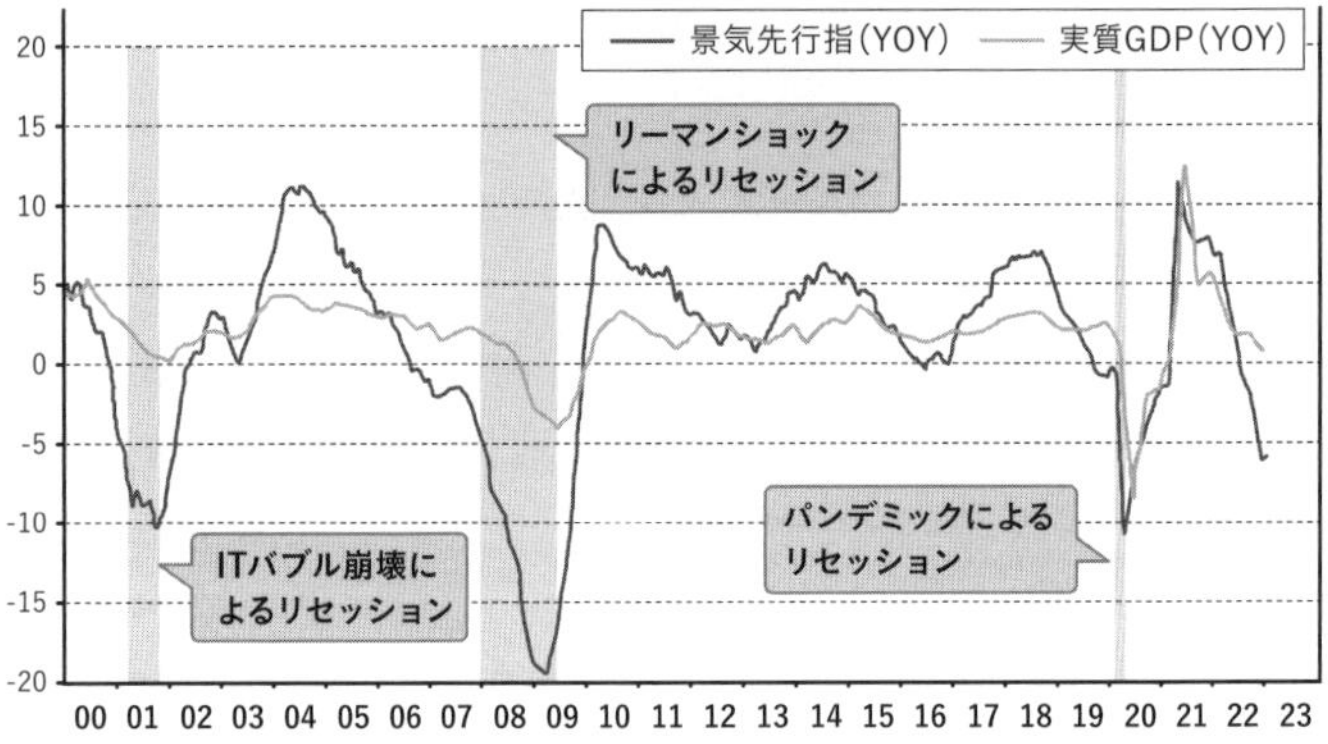

ソース：カンファレンスボード

るかに比率は低いのですが、**製造業は景気に先行して動く傾向があるため、景気の転換点を早めに把握できるから**です。

一方、金融指数として入っている⑦Ｓ＆Ｐ５００は、米国を代表する株価インデックス。世界銀行によると、米国には２０１９年時点で４２６６社の企業が株式を上場しているのですが、Ｓ＆Ｐ５００はそのうち５００企業の株価を構成銘柄として作成されています。当然、４２６６社中の５００社ですから、選りすぐりの企業ばかりで、かつ構成銘柄の入れ替えが頻繁に行われています。

これに⑧先行信用指数といって、米国の貸出状況を指数化したものや、米国の短期金利と長期金利の差も含まれていますが、この短期金利と長期金利の差が結構、景気先行指数を算出するにあたっては大きなウエイトを占めていて、10～11％程度と言われています。

では、景気先行指数で何がわかるのかというと、**米国経済の現状**です。つまり**景気が拡大局面にあるのか、それとも後退局面にあるのかを見るため**のものです。

マーケットに対する影響ですが、景気先行指標は意外なことに、あまり短期的なマーケットの動きには影響しません。したがって、デイトレーダーのような超短期売買を繰り返す投資家にとっては、あまり重要な経済指標ではないかも知れません。

ただ、FXのトレーダーや株式投資でも半年から2年程度のスパンで見ている投資家にとっては、重要な経済指標になります。

14 ＯＥＣＤ景気先行指数

世界経済の動きを先取り

景気先行指数は、ＯＥＣＤ（経済協力開発機構）でも作成・公表されています。これを**ＣＬＩ**〈Composite Leading Indicator〈Composite は複合の意味〉〉と言います。景気循環の転換点を早めに見極めるために１９７０年代から算出しているものです。

ＯＥＣＤの本部はフランスのパリにあり、欧州を中心に、米国と日本を含めて世界37カ国の先進国によって構成されています。

ＯＥＣＤ景気先行指数は毎月公表されているのですが、ＯＥＣＤというグローバルな組織が公表主体になっているためか、さまざまな国・地域の指数を算出・公表しています。具体的にはＯＥＣＤエリア、ユーロエリア、米国、日本、ドイツ、フランス、イタリア、英国、ブラジル、カナダ、インド、中国、インドネシア、ロシア、南アフリカで公表されています。

指標を作成するベースになるのは、鉱工業在庫率のほか、輸入輸出比率、住宅着工戸数、株価指数などで、これにより算出される指数は、**GDPなどよりも6カ月程度先行する**と言われています。基本的には、世界経済の動きを先取りするためのものと考えておけば良いでしょう。

ただ、この経済指標の対象となっている国・地域がすべて同じクオリティの情報を出しているのかという点においては、やや懐疑的にならざるを得ません。そのため、実際にこの経済指標をチェックしていくと、とても役に立った局面もあれば、そうではない局面もありました。精度の面でやや不安要素があるので、あくまでも参考程度に使うのがベターでしょう。

マーケットに対するインパクトは「ゼロ」といっても良いくらいです。株価や金利、為替レートが、OECD景気先行指数の変化を見て大きく動いたという試しは、1970年代から算出されているにもかかわらず、ほぼ一度もありませんでした。

ただ、**政治家やグローバル投資家、大きなコングロマリットの経営者**のように、国際的に活動されている人にとっては、これからの経済の先行きについて考えるうえで、重要な判断材料になっています。

15

全国企業短期経済観測調査（日銀短観）

日本の大企業・製造業の業況判断DIに注目

別名、**「日銀短観」**と呼ばれている経済指標です。これは海外でもなかなか有名な経済指標で、「TANKAN」と日本語のままで呼ばれていたりします。

正式名称は「全国企業短期経済観測調査」で、文字通り日本全国1万社の経営者を対象にしたアンケート調査です。作成周期は四半期で、4月初、7月初、10月初、12月央に公表されます。

日本の経済指標は、かなり細かく分類されているのが特徴です。日銀短観も資本金を基準にして、大企業（資本金10億円以上）、中堅企業（同1億円以上10億円未満）、中小企業（同2000万円以上1億円未満）に分けられており、業種もかなり細分化されています。

アンケートの内容は、国内外での製品や商品・サービスの需給動向、在庫水準、雇用人員、資金繰り、金融機関の貸出態度、販売価格、仕入れ価格などを聞いて数値化します。たとえば資金繰りであれば、**「楽である」と答えた回答割合から「苦しい」と答えた回答割合を差し引いて計算されます**。この計算される数字のことを**DI（Diffusion Index）**といいます。

このたくさんある項目のDIのうち、一番注目されるのは**「業況判断DI」**と呼ばれるものです。業況判断DIとは、「景気が良い」と感じている企業の割合から「景気が悪い」と感じている企業の割合を引いて求められるもの。したがって、景気が良いと実感している企業が多いほど、業況判断DIはプラス値が大きくなりますが、景気が悪いと実感している企業が多いほど、業況判断DIはマイナス値が大きくなります。なかでも注目されるのが、**「大企業・製造業」の業況判断DI**です。

日本の大企業・製造業の業況判断DIの推移（1974年以降）

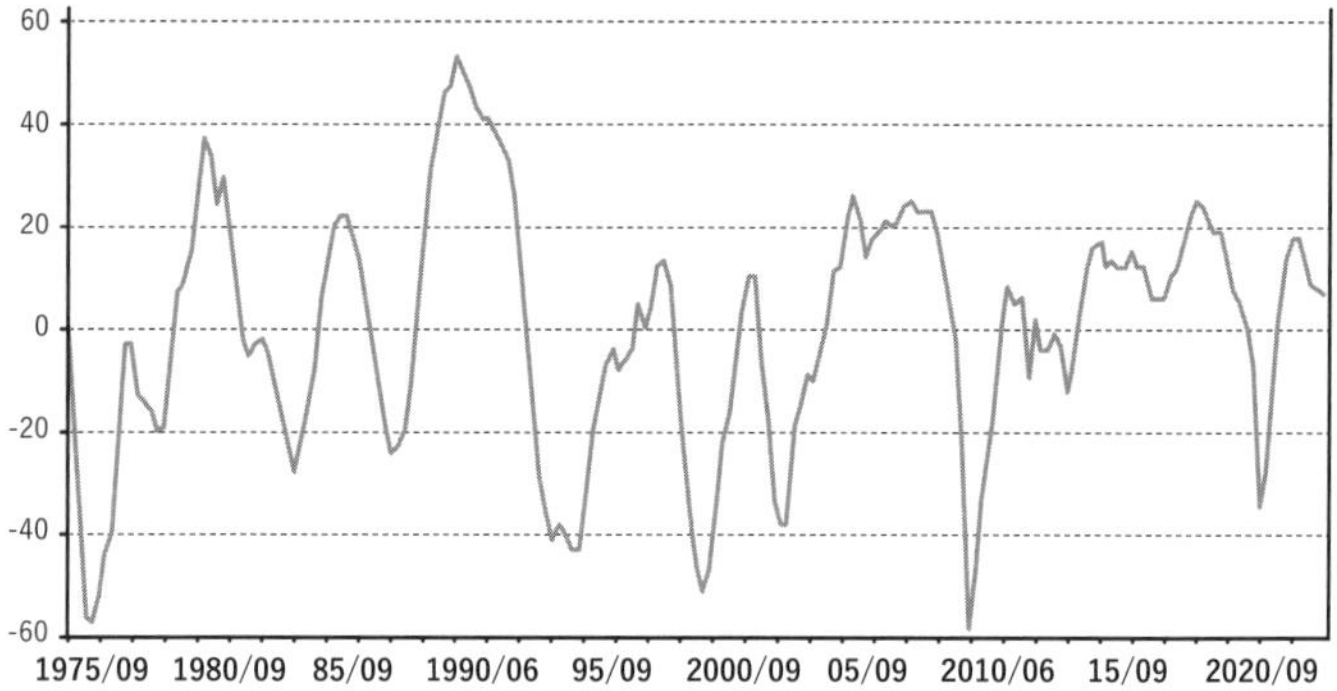

ソース：日銀

ちなみに過去の業況判断ＤＩの推移を見ると、大企業・製造業で最も悪かったのが、リーマンショック直後の２００９年３月の数字で、▲58。また、コロナショック後では２０２０年６月の落ち込みが大きく、このときは▲34となり、徐々に回復して２０２１年９月に18まで上昇。２０２２年12月の数字は、７となっています。

また大企業・非製造業を見ると、２０２２年12月の数字は19ですから、大企業・製造業に比べると若干、改善傾向と考えられます。製造業はグローバルなサプライチェーンの寸断や半導体不足、原材料価格の上昇など、マイナス材料が山積みになっている反面、サービス業は新型コロナウイルスの行動制限が解かれたこともあり、勢いが戻っている感があります。

中小企業の業況判断DIに連動するマザーズ指数

この統計で面白いのは、株価との相関性です。**特に中小型株の動きに対して、中小企業の業況判断DIに、やや先行指標的な色合いがある**ことです。

２０２２年における中小企業の業況判断ＤＩは、製造業が非常に厳しく、年間を通じてマイナス続きでした。また、非製造業もマイナスが続いていたのですが、２０２２年9月に公表された数字がプラスに転じてきたのです。プラス２なのでわずかな好転でしたが、東証マザーズ指数の動きを見ると、２０２２年9月中は下げ局面でしたが、10月3日に６８１・06ポイントで底を打ち、12月１日にかけて８１３・79ポイントまで上昇しました。

その点から考えると、**日銀短観の数字は株価の先行指標ではないか**と考えられます。

また、日銀短観は日本銀行が作成・公表しているので、その数字の良し悪しが日銀の金融政策に影響を及ぼすと言われています。したがって、金利や為替レートにも影響を及ぼす可能性があると考えられます。

なお前述したように、ＤＩは、**「大企業・製造業の業況判断ＤＩ」を読めば十分**です。メディアで報道されるのも、基本的にはこちらです。

16

長短金利

逆イールドはリセッションのシグナル

期間が異なる金利の関係にも、景気の先行きが反映されます。

たとえば、2年物の金利と10年物の金利があるとしましょう。どちらの金利水準が高くなるでしょうか。

通常であれば、**2年物金利に比べて10年物金利のほうが、金利水準は高くなります**。

なぜなら、2年後にお金が戻ってくるのと、10年後にお金が戻ってくるのとでは、当然のことですが、10年後のほうが、お金が戻って来ないリスクが高いと考えられるからです。

したがって経済が順調に活動しているときは、お金が戻ってこないかもしれないリスクが高い分だけ、10年物金利のほうが高くなるのです。

このように、期間の長い金利が、期間の短い金利よりも高い状態にあることを**「順**

イールド」と言います。

ところが、しばしばこの関係が逆転するときがあります。つまり2年物の金利が10年物の金利を上回ることがあるのです。これを**「逆イールド」**と言って、非常に信頼できる景気先行指標のひとつになります。

なぜ、2年物金利と10年物金利が逆転するのかというと、たとえばこの先、**景気が悪くなるという見通しが支配的になると、これから金利は下がるだろうという見通しが成り立ちます**。金利が下がりそうなとき、お金を運用する側はできるだけ長期間、高い金利が固定されたもので運用したいと考えます。したがって、2年物を売却して、10年物に乗り換えようとするのです。

金利は基本的にお金の需給バランスで決まります。お金を運用したいという人が増えれば増えるほど、お金の供給が需要を上回るので、金利は低下します。逆に、お金を調達したいという人が増えれば増えるほど、お金の需要が供給を上回るので、金利は上昇します。

逆イールドと景気後退

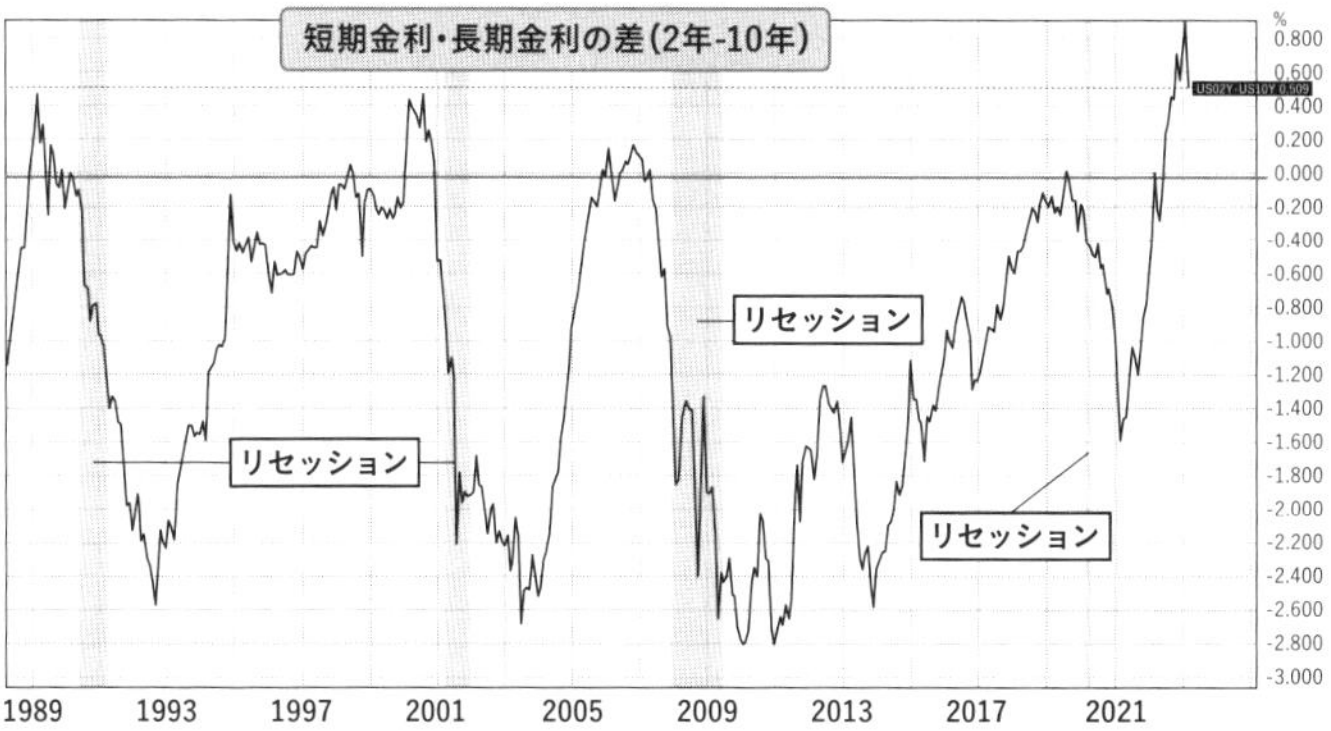

ソース :TradingView

つまり**景気の先行きが悪くなるというときは、10年物金利で資金がだぶつき、2年物金利は資金が足りなくなるため、2年物金利が上昇する一方、10年物金利が低下して、逆イールド現象が生じる**のです。

したがって、この逆イールドが生じると、半年後から15カ月後くらいの間に、経済がリセッションに入ると言われています。

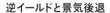

17 バルチック海運指数

世界経済が活発かを示す指標

ちょっとマニアックな経済指標にも触れておきたいと思います。

これは簡単に言うと、**「貨物船の運賃」**を指数化したものです。世界経済が活発になると、国境を超えたモノの移動が活発に行われるようになるため、貨物船に対する需要が高まります。

しかし、モノの需要が増えても、貨物船のような大掛かりな船を急造することはできません。つまり貨物船の需要増に対してすぐ供給を増やすことができないため、**運賃が一気に高騰します**。それだけ世界経済の動きに対して敏感に反応しやすい指標のひとつと言えるでしょう。

運賃の数値は、**「ドライバルク」**という、さまざまな原材料を運ぶための船賃の平均価格を指数化したものです。この手の貨物船がよく使っているルートが20くらいあるのですが、そのルートを通った場合の船賃を平均するのです。

この指標、近年非常に注目度が高くなった経済指標のひとつです。歴史も非常に長く、起源が18世紀、1744年ということで長い歴史があります。簡単にその歴史に触れておきましょう。

もともとバルト海で商売をしていた商人や、船会社の社員、船乗りといった人たちが、ロンドンにあるバージニア&バルティックコーヒーハウスに定期的に集まって、意見交換をしたり、さまざまな契約を結んだりしていました。

そして19世紀に入り、その集まりがよりフォーマルな組織になり、1900年には、バルチック・マーカンタイル&シッピング・エクスチェンジという取引所になりました。こうして算出し続けられてきたバルチック海運指数ですが、今の形になったのが1999年のことです。

前述した「ドライバルク」という言葉を聞いたことがないという人もいると思います。簡単に説明しておきましょう。鉄鉱石や石炭、穀物、アルミ塊、銅鉱石などさまざまな資源を、梱包せずにそのまま船に積み込んで運ぶ船を、「ばら積み船」、「ドライバルク船」と言います。乾貨物（＝ドライカーゴ）を大量に（＝バルク）運ぶという意味から、ドライバルクという言い方がされています。

したがって、コンテナ輸送をする船や、石油を運ぶタンカーは、このドライバルク船には含まれていません。これらについては**「コンテナ指数」**や**「タンカー指数」**など、バルチック海運指数とは別のインデックスが作成・公表されています。

バルチック海運指数の重要な点は、景気の動きに対して敏感に反応することです。石炭はエネルギー源ですし、鉄鉱石やアルミ塊、銅鉱石は、製造業にとって不可欠な原材料になります。

つまり景気が良くなって経済活動が活発になると、ドライバルク船によって運ばれるものがどんどん増えていきます。しかし、それを積載する「船」を造るには、前述のようにとんでもない時間と費用がかかります。運ぶものが増えて、ドライバルク船に対する需要が高まっても、すぐにドライバルク船を建造して供給を増やすことができないため、運賃が一気に上がるのです。逆に、需要が減ると、バルチック海運指数は一気に下落します。ある意味、**世界経済の先行指標のひとつと考えることもできます**。

ただ、注意点もあります。結局は船の運賃なので、その値動きは世界経済の状況に左右されるのと共に、別な要因で大きく動くこともあります。

たとえば２０２１年９月にかけてバルチック海運指数は大幅に上昇しましたが、このときは世界経済が絶好調というよりも、パンデミックによって世界のロジスティクスが悪化したことによって、指数が大幅に上昇しました。

あるいは米国が中国から輸入するものに対して、大幅に関税を引き上げるという政策をとるにあたって、その実施期間までにできるだけたくさんの量を米国に輸出しようとするため、一時的にドライバルク船の需要が増えて、指数が跳ね上がることもあります。

このような特性があるので、バルチック海運指数が急に上昇、あるいは急落したときには、それがなぜなのかという背景を、しっかり調べることをお勧めします。

なお、景気にしっかり連動しているときのバルチック海運指数は、株価に対して２～３カ月くらい先行して動く傾向があります。

18

中国の経済指標

データがあてにならない中国はハンセン株価を見る

本章の最後に、米国や日本以外の諸外国における経済指標も取り上げます。米国に次ぐ経済規模を持つ国といえば中国ですが、中国の経済指標にはあてにならない部分があります。もちろんまったく無視するわけにはいきませんが、いかんせん共産党一党独裁の中国では、経済指標の中身をいじるくらい平気で行います。共産党政権に対する中国人民の不平不満が高まらないようにするためです。

絶好調の数字が出れば「何か水増ししているのではないか」、景気後退のサインが出ていても「実際にはもっと悪いのをごまかしているのではないか」と受け止められ、それゆえに中国の経済指標は信ぴょう性に欠けると思われているのです。

そういう状況ではありますが、中国政府ではなく、他の機関が作成・公表しているデータで代用するという方法があります。

IHSマークイットという民間調査会社があり、JPモルガンなどグローバルな金融機関と協力して、さまざまな国のPMI（購買担当者景気指数）を作成しているのです。これを**「マークイットPMI」**と言います。そのなかにある中国のPMIをチェックするのです。また、HSBCという香港に拠点を置くグローバル金融グループも、中国のPMIを公表しています。

もちろん中国政府も、自分たちでPMIを作成・公表しているのですが、前述した理由がある以上、純粋に民間企業が算出している、マークイットPMIやHSBCのPMIのほうが信頼できると考えられています。また、マークイットではグローバルPMIも公表しています。30カ国の購買担当者からアンケートを集めて作成します。大体、この30カ国の製造業だけで、世界の製造業の9割近いアウトプットを出しているので、十分に実態をカバーできていると考えても良いでしょう。

そしてもうひとつ、**中国経済の現状を把握するためには、株価を見る**という方法があります。大勢の市場参加者によって品定めされた結果として価格形成されている

「株価」のほうが、中国による経済指標よりはるかに信ぴょう性が高いと考えられます。

中国の株価には、上海総合指数のように中国本土の証券取引所が算出している株価インデックスだけでなく、**香港のハンセン指数**のようにイギリス統治の時代から連綿と算出され続けている株価インデックスもあります。

このうち私自身も、**中国経済の実態を反映しているだろうと考えて、中国経済を見るときに使っているのが、香港のハンセン指数**です。

ハンセン指数は2018年1月に3万3484ポイントの史上最高値をつけた後、2020年3月にコロナショックで2万1139ポイントまで低下し、2021年2月には3万1183ポイントまで戻したものの、そこから下げが続き、2022年10月には1万4597ポイントまで下落。史上最高値から見て56・40％の下落です。

金融危機が生じる際、株価指数は高値から半値以下まで下がるというのが、過去のマーケットにおける経験則です。それから考えると、香港のハンセン指数は中国において重篤な金融危機が起きている証左であると考えられます。

ちなみに、なぜ上海総合指数ではなく、香港のハンセン指数を見るのかというと、これは**マーケットの信頼度の問題**です。

ハンセン指数

ソース :TradingView

中国は確かにＧＤＰの規模では世界第二位ですが、本土の金融市場はまだそれほど整備されていません。上海総合指数は本土マーケットの株価動向を示す株価インデックスですが、上海や深圳《シンセン》にある株式市場は、グローバルな投資家が自由に株式を売買できない制約があります。

その点、香港の株式市場は、外から中国経済に自由にアクセスするための玄関口みたいなところなので、どのような投資家にも門戸を開いています。だからこそ、そこで形成される株価は、中国政府の介入を受けることなく、**世界が考える中国経済に対する評価が、比較的素直に反映されている**と考えられるのです。

19 ドイツの経済指標

ユーロ経済圏の3分の1を占めるドイツの3つの指標

中国の次は、**欧州の経済大国であるドイツ**です。

ドイツの経済指標で一番重要視されるのが**「鉱工業生産指数」**。基本的に米国や日本のそれと同じ概念です。

ドイツの鉱工業生産指数が注目される理由は、**ドイツがユーロ圏全体のGDPの3分の1を占めている**から。世界三大輸出国といえば、中国、日本、ドイツといっても良いでしょう。その存在は、ユーロ圏はもちろんのこと、世界でもかなり大きな比率を占めています。

加えて国との関係でも、**ドイツは日本と同様、米国とのつながりが非常に強い国**です。したがって、ドイツ経済の状況を把握するうえで、まずは鉱工業生産指数の水準を把握する必要があるのです。

米国ISM製造業景況指数と相関性が高いものも

鉱工業生産指数をチェックしたら、次は**「IFO企業景況感指数」**を見ます。

これはドイツのIFO経済研究所が毎月発表している、ドイツ国内の景況感を示す経済指標です。初出は1949年という、かなり長い歴史を持っていることもあり、信頼度の高い経済指標としても知られています。

具体的には、製造業、建設業、卸売業、小売業に対して現在の状況と、6カ月先の期待値をアンケート調査します。対象企業の数は約9000社で、調査対象月の当月下旬に発表されます。

ドイツ経済はユーロ経済圏のなかでも最大の規模を持っているため、ドイツの景気の浮沈は、ユーロ経済圏全体にも影響を及ぼします。そのため、IFO企業景況感指数の数字は**ドイツ国内だけでなく、ユーロ経済圏全体にも強い影響を与えると考えて良いでしょう**。

それと同時に、アンケート調査を行ったその月に結果が公表されるため、よりタイムリーに景気のセンチメントを把握できます。

前述したように、ＩＦＯ企業景況感指数は、足元の状況を見るための数字に加え、6カ月先の期待感も公表されますが、特に後者の6カ月先の期待値は、ユーロ圏の製造業の動きに2、3カ月先行して動くと言われているので、欧州株などに投資しているなら、ＩＦＯ企業景況感指数は必ずチェックすべき。

もうひとつ面白い特徴があります。それは**米国のＩＳＭ製造業景況指数との相関性がかなり高い**こと。米国のＩＳＭ製造業景況指数が上昇すると、その半年後くらいにはドイツのＩＦＯ企業景況感指数が上昇するのです。

ギリシャショックで変わった金融・通貨政策

また、ドイツといえば、その中央銀行である**ドイツ連邦銀行**（Bundesbank：ブンデスバンク）と消費者物価指数、つまりインフレとの関係性を把握しておくことも大事です。

ブンデスバンクは**「インフレファイター」**の異名を持っていることからもわかるように、インフレに対して非常に強い姿勢で臨む傾向があります。これは第一次世界大戦で敗戦国になり、莫大な戦後賠償金を課せられたなかで、ドイツ国内でハイパーインフレが生じてしまったことに起因するかもしれません。

このときのハイパーインフレがどれだけ凄いかというと、数年間で物価が1兆倍にも跳ね上がるほどでした。その結果、ナチスの台頭を引き起こし、世界は第二次世界大戦へと突入していったのです。

この経験からか、ドイツは消費者物価指数が2％を超えると厳しい金融引き締め政策をもってインフレの芽を徹底的に潰してきたのです。

このインフレに対する厳しい姿勢が、欧州通貨統合の際に足かせになる恐れがありました。それまではドイツマルク、フランスフラン、イタリアリラというように、欧州の国別で独自の通貨単位を持っていたのを、1999年1月をもって単一通貨である「ユーロ」に統合したのですが、ユーロ加盟国が同じ通貨を用いる以上、ユーロ加盟国は基本的に同じ金融・通貨政策を行う必要があります。それは最も厳しい規律でインフレを抑え込んでいるドイツの金融・通貨政策を、他のユーロ加盟国が受け入れなければならないということでもありました。

しかし、ユーロ加盟国の経済水準は、どの国も同じではありません。経済的に豊かな国もあれば、貧しい国もあります。経済を活性化させるために金融緩和を必要とする国が、ドイツの厳しい金融引き締めに付き合わされれば、自国の経済がどんどん低迷してしまいます。こうしたユーロの矛盾が噴き出し、２００９年のギリシャショックと欧州債務危機へと繋がっていきました。

かつての厳しいドイツなら、恐らくギリシャを切り捨ててユーロから脱退させる道を選んだと思いますが、リーマンショックの直後ということもあってギリシャショックではＥＣＢが大幅な金融緩和に踏み切ることを容認し、困っている国に対して資金を供給しました。

この出来事から、ブンデスバンクの金融・通貨政策に対するスタンスも、いささか変わってきたという印象を受けたのも事実です。

機関投資家のセンチメントを把握する指標

もうひとつ、ドイツには注目される経済指標があります。**「ZEW景況感指数」**です。

ZEWとは独欧州経済センターのことで、ZEW景況感指数は、6カ月先の景況感を示すものと言われています。基本的な見方は、数字が50を上回れば景気に楽観的な見方、50を下回れば景気に悲観的な見方であることを示します。

これも毎月アンケートを行い、その結果を毎月中旬に公表します。タイムリー性が高いので注目される経済指標ですが、面白いのがアンケート先です。この手のアンケート調査は、経営者を対象者とするケースが多いのですが、ZEW景況感指数はアナリストや機関投資家など約350人を対象にしているのです。

マーケットに与えるインパクトはほとんどありません。ただ、アンケート先が機関投資家などですから、彼らがどういう心理状態にあるのか、何に注目しているのかを把握するのに役立つ経済指標ではあります。

20

インドの経済指標

これから中国を追い抜く「巨象」の実力

　世界経済において、なぜ中国がプレゼンスを保てたのかというと、人口が多かったからです。先進諸国に比べて格段に安く、かつ豊富な労働力を活用して労働集約的な産業を育成し、「世界の工場」として君臨してきました。

　しかし、徐々に労働者の賃金は上昇し、世界の工場としての魅力は失われつつあります。今、中国は14億２５８９万人（２０２２年7月1日）という人口を活用して、モノをつくり出す工場ではなく、世界最大級の消費マーケットという位置づけで、経済成長を維持しようとしています。この戦略は果たして成功するのでしょうか。

　国連が２０２２年7月に発表した「世界人口推計２０２２年版」によると、**２０２３年にはインドの人口が中国を上回り、世界最多人口を有する国が中国からインドに**

移行する見通しであることを公表しました。

加えて中国は、これから合計特殊出生率の低下や生産年齢人口の減少、高齢化率の上昇も懸念されていて、人口減少に歯止めをかける政策がうまくいかないと、総人口でインドとの差が拡大する一方になる可能性もあります。

インド経済のユニークな点は、経済発展のパターンが日本や中国、台湾、韓国などとまったく異なることです。

日本が先進国まで上り詰めた過程は、鉱山資源を売って資金を得て、富岡製糸場をはじめとする生糸産業を育て、生地を世界中に輸出し、織機を製造する企業が立ち上がり、たとえば豊田自動織機のような企業が自動車生産に乗り出していき、どんどん工業経済の規模が拡大して、それがサービス産業に置き換わっていく。そんな流れでした。中国や韓国、台湾もそれほど違いはありません。

ところがインドの経済発展パターンは、これらとまったく違います。工業化のプロセスを飛ばして、**いきなりサービス業中心の産業構造ができた**のです。

その理由は、インド人の大半が英語を理解できるからです。インドは英国の支配を長年にわたって受けてきて、教育や法制度は英国に準拠したものが、今も使われています。そのため、インドは工業化のプロセスを経て国の経済力を強化することなく、**いきなり欧米先進国のＩＴ企業のプログラミング拠点として、デジタル産業を誘致することができた**のです。現在、ＩＴ産業のアウトソーシング先として、インドは揺るぎない地位を築いています。

それに伴い、エンターテインメントや医療、金融など、その他のサービス産業も育ち始めてきました。

もちろん、インド政府としてはサービス産業の一本足打法で、インド経済が発展できるとは考えておらず、製造業にも力を入れ始めています。製造業を発展させていくにあたり、**道路や電気などのインフラが全く整っていないことや、原油を持っていないこと、などの課題**はありますが、国民の多くが英語を話せるという点は、他の国に比べて大きなアドバンテージになりますし、人口もかなり若いので、今後の発展が期待できそうです。

ちなみに、インドのＧＤＰに占めるサービス業の比率は60％程度で、製造業は20％

程度あります。このように数字を見ると、現時点においても製造業の比率は、日本や中国と比べてもそれほど遜色はありません。

このように、将来の成長力という点でインド経済は注目しておきたいところですが、今のところインドの経済指標で見るべきものは、ほとんどありません。

というよりも、日本で入手できる経済指標があまりにも少ないのです。米国の景気先行指数のような複合指数もありません。

入手しやすいところでは、「鉱工業生産指数」と「消費者物価指数」くらいですが、入手できる環境にあるならば、定期的にチェックしておく意味はあります。

21

ブラジルの経済指標

インド以外で注目すべき新興国

インド以外の新興国で注目したいのは、ブラジルです。

この国にはユニークな特徴があります。BRICsのなかの一国ということで、新興国のイメージが強いのですが、実は面白い企業をたくさん抱えています。

たとえば**エンブラエル社**のような航空機メーカーの他、宇宙産業もありますし、エタノール工業でも先端を走っています。エタノールによるアルコール燃料自動車もたくさん走っていますし、エネルギーの自給自足率は100%です。

しかも、国土にはアマゾン川が流れており、さまざまな天然資源にも恵まれています。人口は2022年時点で2億1551万人もいます。

治安の悪さや、その原因のひとつとも言える貧富の格差、政治面の不安定さといった課題は抱えているものの、ITバブル崩壊やリーマンショックといった、**先進国**

（特に米国）を発信源にした金融不安による影響をあまり受けていないという点も特徴のひとつです。先進国を中心とした、世界経済の好不況による影響を比較的受けにくい国ということで、国際分散投資をするうえで組み入れておきたい国のひとつです。

ブラジル経済をマクロの観点から捉えるのであれば、**鉱工業生産指数は重要な経済指標のひとつ**です。

また、ブラジル中央銀行がブラジル経済の基本金利を検討するために**「経済活動指数（IBC-Br）」**という経済指標を公表しています。この経済指標には、総生産の推移や輸入製品、農業や工業、サービス部門の成長予測などを加味しており、この数字が高いほどブラジル経済が活況になります。

第4章

景気を読む
手がかりとなる企業

半導体関連がもっとも敏感に景気変動に反応する

第2章で「耐久財受注」の説明をしました。耐久財とは、耐久年数が3年以上ある、滅多に買い替えをしないような財のことで、たとえば製造業が製品をつくるために必要な機械などが、これに該当します。

企業が新しい製品を企画し、世に送り出すまでには、①計画を立案し、②その計画について上からの承認を取り、③予算を検討し、**④その製品をつくるのに必要な原材料や機械を発注してそれらを入手**し、ようやく製造するための環境が整います。

このうち④の段階において、たとえば**製造に必要な機械を某機械メーカーに発注し、それを某機械メーカーが受注した段階で、耐久財受注の数字にカウントされます。**

耐久財にはさまざまなものがあります。前出の製品を組み立てる機械もそうですし、自動車や航空機、家具などもそうです。そして、こうしたさまざまな耐久財のなかでも、最も安価なのがスマートフォンやタブレット、パソコンといった電子製品です。かつ他の耐久財に比べて値段も比較的安価で、もっと言えばこれらに使われている技術は日進月歩なので、常に最新スペックのものが求められています。

そういう性質を持った製品の宿命として、**製品のライフサイクルが極めて短い**ことが挙げられます。頻繁に新しいバージョンが登場するたびに新しいスマートフォンに乗り換えるような人にとっては、使用期間が3年だと長いくらいかも知れません。

このように**買い替えのサイクルが短い耐久財は、それだけ景気の動向を強く反映すると考えられます**。かといって、スマートフォンやパソコンの受注動向を見ていれば、景気の転換点をいち早く掴めるかと言うと、そうではありません。なぜなら、もっと早い段階で耐久財受注の転換点を捉え、景気変調の兆しを把握するためのものがあるからです。

それが**「半導体」**です。スマートフォンやパソコンには半導体が多数、使われています。当然、スマートフォンやパソコンの買い替え需要、新規需要が落ち込めば、その前に半導体に対する需要が大きく落ち込むはずです。

よく経済指標の説明で「シクリカル」という用語が出てきます。意味は、**循環的な景気変動**のことです。景気は常に「好景気→景気後退→不況→景気回復」というサイクルを繰り返していますが、こうした景気循環に強い影響を受けるのが、半導体なのです。

したがって、半導体関連の受注動向を見ておくと、景気の転換点をいち早く把握できる可能性が高まります。

東京エレクトロンに、動向がいち早く現れる

半導体関連企業というと、恐らく真っ先に思い浮かべるのは大規模の半導体メーカーだと思います。

世界にはインテルやサムスン、クアルコム、テキサスインスツルメント、エヌヴィディアなどの半導体メーカーがあります。熊本に工場進出して話題を集めている台湾のＴＳＭＣは、これら半導体企業からの委託を受けて、半導体の製造自体を請け負っている「ファウンドリー」です。

こうした企業は、半導体そのものを製造しているわけですが、半導体の動向をいち早く把握するためには、半導体製造の**さらに「前段階の動向」**を把握する必要があり

ます。
現在の半導体は非常に微細な作業を必要とするので、人の手で作業をすることはできません。そのため、**「半導体製造装置」**と呼ばれる装置が用いられます。したがって、**半導体製造装置の売上動向を見れば、景気サイクルの転換点をいち早く掴める可能性が高まります**。

現在、半導体企業の上位は、世界トップの売上高を持つサムスンをはじめ、ベスト10はすべて海外勢で占められています。サムスンの2021年の半導体売上は、759億8000万ドルでした。

ちなみに1990年代まで、半導体企業の大半は日本企業で占められていましたが、日米半導体摩擦という貿易紛争の影響もあり、日本の半導体

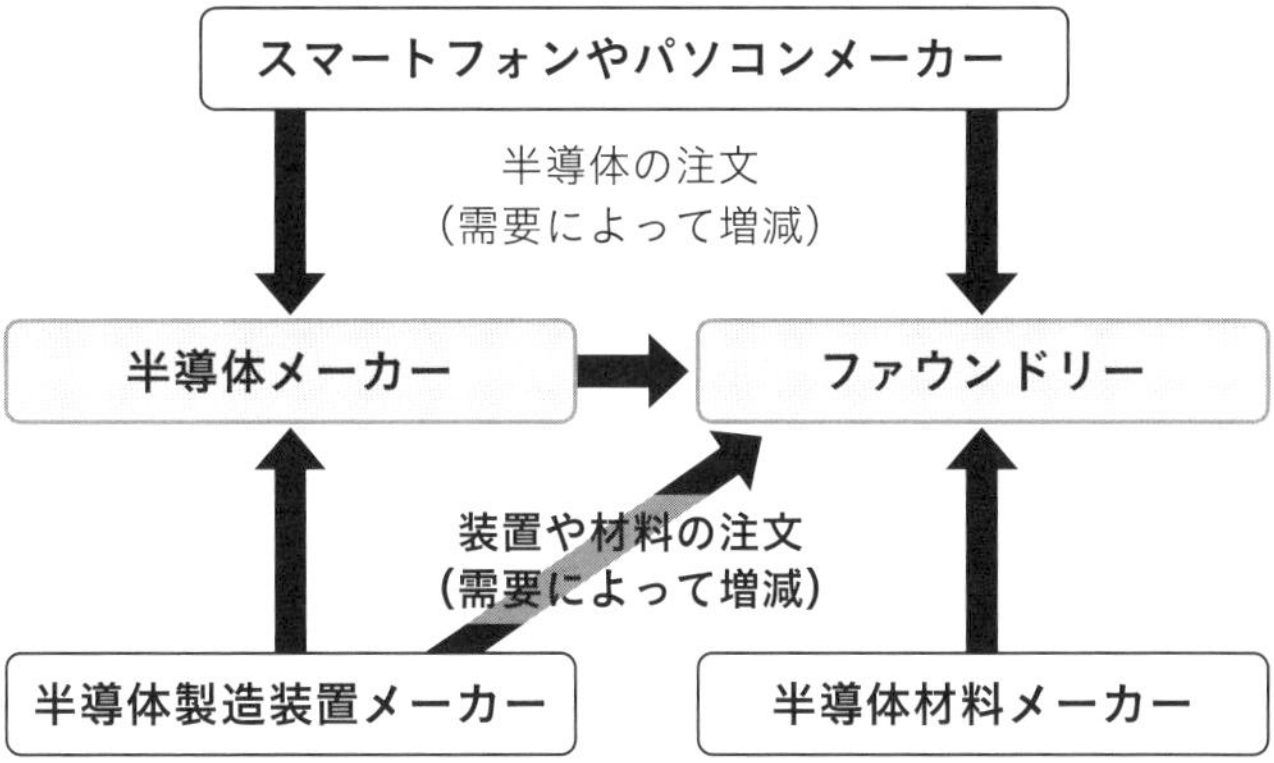

企業は世界シェアを大幅に落としています。２０２１年の売上で、日本国内トップの半導体企業はキオクシアで、売上高は１２９億４８００万ドルですから、サムスンの6分の1に過ぎません。

このように、日本の半導体企業は世界的に見てかなり負け組感が強いのですが、**半導体製造装置など、半導体の周辺ビジネスでは、まだ日本企業の強みが残されています**。東京エレクトロンという会社は、半導体製造装置では世界第三位のシェアを持っていて、時価総額は7兆円です。

売上高は2兆円で、２０２７年3月期には売上高3兆円、営業利益率35％以上を目指し、今後5年間で1兆円以上の研究開発費を投入して、最先端領域で市場開拓をねらうということを発表しています。

財務面でも、有利子負債はゼロ。つまり無借金経営を行っており、自己資本比率は70％程度あります。ＲＯＥが37・2％、ＲＯＡが23・1％で、配当利回りは3・85％です（数値は『会社四季報２０２２年4集・秋号』より）。株価自体が結構高いので、個人が気軽に投資できるような会社ではありませんが、優良企業です。

海外で東京エレクトロンに近い会社になると、オランダの**ＡＳＭＬ社**があります。フェルトホーフェンというところに本部を置く半導体製造装置メーカーで、半導体露光装置をつくっている世界最大の会社です。世界16カ国に60以上の拠点を持っていて、日本にも子会社があります。半導体露光装置では、この会社がほぼ市場を独占している状態です。

余談ですが、この半導体露光装置には**「液浸」**という技術が用いられているのですが、もともとこの液浸露光技術に関する基本特許は、日本のニコンが保有していて、露光装置の世界シェアはかつてニコンが50%、キヤノンが25%を保有していた時期もありました。しかし、日本がこの分野で躍進していることに危機感を持った米国が、ＡＳＭＬ社に協力して、今の世界シェアを築いたと言われています。**半導体の世界動向を把握するためには、東京エレクトロンとＡＳＭＬ社の業績、株価などを見ていると、おおまかな様子が見えてきます。**

では、東京エレクトロンやＡＳＭＬ社は、どこに製品を納めているのかというと、これが台湾のＴＳＭＣです。前述したように、ＴＳＭＣは世界中の半導体企業から注文を受けて、実際に半導体をつくっている会社です。つまり東京エレクトロンやＡＳＭＬ社にとって、ＴＳＭＣは半導体製造装置を買ってくれる大事なお得意様ということです。

景気の動きをいち早く反映するのはＢtoＢ企業

景気の転換点を企業活動の側面から見極めるためには、３つの視点があります。ひとつは前述したように、製品の製造工程の流れから景気を把握する方法です。製造工程の源流は原料です。石油、鉄鉱石、貴金属、レアメタルなどの原料を加工して、鉄鋼、セメント、その他の素材がつくられ、それを加工することによってさまざまな部品ができ上がります。

半導体で言えば、ケイ石という原料があって、そこから金属シリコンを取り出して多結晶シリコンをつくり、さらにそこから単結晶シリコンを抽出して単結晶インゴットにします。この単結晶インゴットをスライスしてでき上がるのが、半導体の素材となる**「シリコンウェーハ」**です。

そして、シリコンウェーハの表面に電子回路が形成され、さらに電子回路が形成されたシリコンウェーハを細かく切断して、半導体チップという部品ができ上がります。東京エレクトロンやＡＳＭＬ社は、このシリコンウェーハに電子回路を形成するための半導体製造装置をつくり、半導体メーカーに提供しており、ＴＳＭＣは半導体製造装置を使って、半導体チップを製造します。

その後はでき上がった半導体チップをスマートフォンやタブレット、パソコン、自動車など、さまざまな完成品に組み込み、最終製品ができ上がりま

川上の原材料から川下の消費者まで

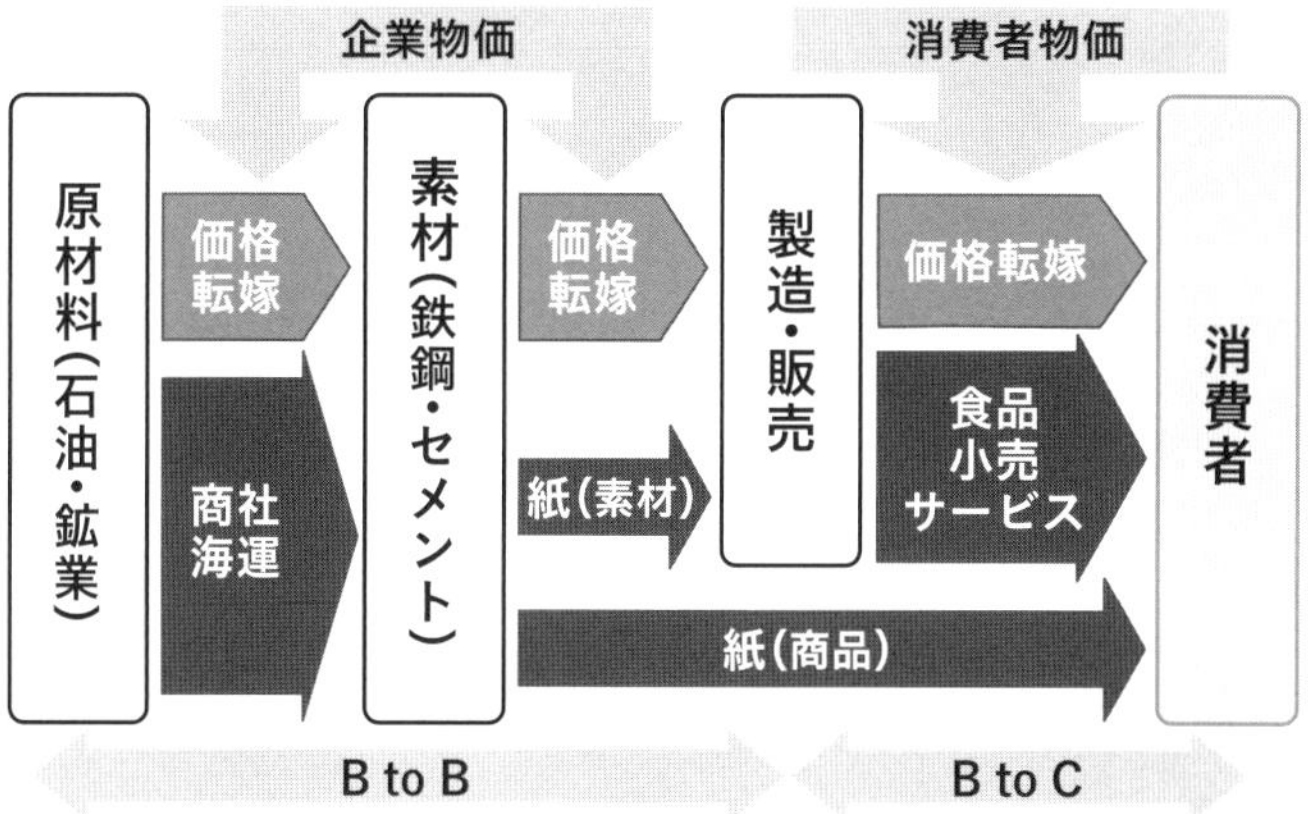

提供：複眼経済塾

す。そして、この最終製品が小売店に並べられて、消費者の手元に届くのです。

整理すると、

①原材料を採掘する
②原材料を加工して素材をつくる
③素材を加工して部品にする
④部品を組み込んで最終製品をつくる
⑤製品を小売店に並べる
⑥最終消費者が購入する

という一連の流れがあることに気づくでしょう。これは、どのような製品もほぼ同じです。

①～⑤までのところがBtoB（Business to Business）、つまり企業間取引です。もっと言うと、この①～⑤までの取引に適用されている価格を指数化したのが、**「企業物価指数」**です。

この流れを見て気づく方もいらっしゃると思いますが、いくら米国の個人消費がGDPの60~70%を占めていて、その動向が経済活動に大きな影響を及ぼすといっても、**最終消費者の行動によって知らされる景気転換のサインは、極めて遅行的であるということが言えます。**

ただし、最終消費者が実際に小売店舗に行って商品を購入する、という行動は景気に対して遅行的だとしても、**最終消費者のセンチメントの変化は、景気変動に対して先行的であると考えられます。**しかも、耐久財のなかでもスマートフォンやタブレット、パソコンの類は、最も値段が安く、かつ商品サイクルが速いがゆえに、景気の変動に対して素早く反応する傾向が見られるのです。そこで、これらの商品の原材料に当たる「半導体」に注目しているという訳です。

相場循環で景気変動を把握する

景気の転換点を見極める方法その2は、**相場のサイクルを見る**というものです。

「相場」といってもさまざまなものがありますが、ここでは株価と金利に注目してみます。

株価と金利は密接な関係があります。

不景気で株価が下がり始めると、政府はさまざまな景気対策を講じると同時に、中央銀行は政策金利を下げるなど金融緩和を行います。その結果、市中に流通する資金の量が増えて、金余りの状態になります。結果、生まれた余剰資金は、企業の設備投資に回ったり、株式市場に流れたりして、**不景気の中の株高**を引き起こします。これが**「金融相場」**です。

このまま金融緩和が続くと、徐々に企業業績が回復してきます。金融相場の下で行われた設備投資が効果を現してくるのです。その結果、企業業績の回復・好調が評価され、株価はさらに上昇します。これを**「業績相場」**と言います。

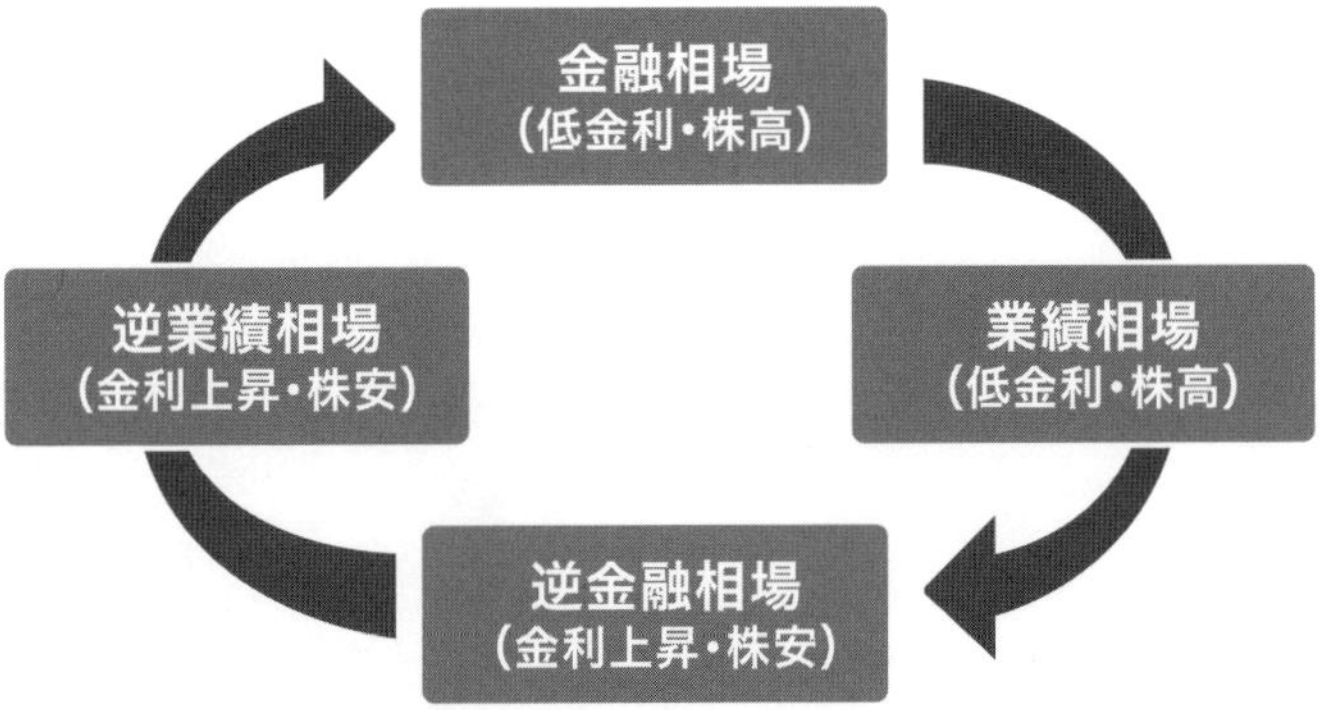

しかし、企業業績が絶好調になり、個人消費がどんどん盛り上がると、景気がどんどん過熱してインフレが深刻化していきます。インフレは通貨価値の低下につながるため、中央銀行はそれを避けようとして、徐々に政策金利を引き上げるなど金融引き締め政策に転じていきます。これが**「逆金融相場」**です。

逆金融相場の下では、金利が上昇しても業績面に影響の少ない企業の株式は買われますが、総じて株価は頭打ちになり、多くの銘柄の株価が下落に転じていきます。

金融引き締めが続くと、徐々に景気は冷え込んでいくと同時に、物価の上昇も落ち着いてきます。この時点の株式市場は企業業績の悪化を反映して、多くの企業の株価が下落していきます。これが**「逆業績相場」**です。整理すると、**金融相場→業績相場→逆金融相場→逆業績相場**、という順番でサイクルが形成され、再び金融相場へと戻っていくのです。

景気転換期における金融業界の動き

金融相場は、中央銀行の金融緩和によって始まりますから、その**先行指標として金**

融業界に動きが出てきます。銀行や証券会社がその代表業種といっても良いでしょう。金融緩和によって企業の資金調達が活発になるため、銀行や証券会社にとって活躍する余地が広がってくるのです。

では、現状はどうなのか、ですが、たとえば野村ホールディングスの状況を**『会社四季報（2023年1集新春号）』**で見ると、**「市場部門は為替関連取引が高水準だが、株式は鈍い。個人や投資銀行の戻りが想定以下で税前益下振れ、一転減益に」**とあります。また大和証券グループ本社も、**「M&Aや株式引き受けの回復鈍い。個人の株・投信売買低調。市場部門の不調が想定以上に長引き前号比経常減額」**となっており、総じて証券業界は厳しい状況です。他にも株式を上場している証券会社はありますが、いずれも、「減益幅拡大」、「連続赤字」、「下振れ」、「減益続く」という言葉が並んでいます。

つまり株式相場はかなり厳しいことを、『会社四季報』のコメントには込められているのです。実際、２０２２年以降の株式市場は、株価が一進一退で、良いところが少ないです。

では、銀行はどうなのでしょうか。メガバンクも先行指数的な動きをする場合があるので、たとえばみずほフィナンシャルグループの状況を、『会社四季報』で見てみると、**「大企業や海外向け融資好調」**とあります。特に**「海外向け融資好調」**という点から、日本国内では利ザヤを稼ぐことができないため、海外に打って出ていることがわかります。

三菱ＵＦＪフィナンシャル・グループも、**「海外も融資や投資銀行業務伸長」**とあります。

このように、メガバンクが海外での投融資を積極的に行えば行うほど、日本から海外に資金が流出しますから、外国為替市場では円安ドル高が進むことになります。現に、２０２２年10月にかけて１ドル＝１５１円台まで円安ドル高が進みました。

では、その後、円高ドル安に転じたのはなぜなの

『会社四季報』のネガティブワード例

「減益幅拡大」、「連続赤字」、「下振れ」、「減益続く」、「反落」、「続落」、「大幅減益」、「赤字転落」、「苦戦」

でしょうか。これまで日本から米国などに資金が流出していたものの、ここに来て米国の景気に先行き不透明感が浮上して、米国の長期金利が低下したり、株価も不安定になったりしています。すると、米国など海外から日本へと、資金が戻ってきたりするのです。これが円高ドル安の原因のひとつです。

では、海外の金融機関はどうなのでしょうか。代表的なところとして、**ゴールドマン・サックスとバンク・オブ・アメリカ**を取り上げてみましょう。

米国企業の概況などは、東洋経済新報社が出している**『米国会社四季報』**（以下は2022年版秋冬号の情報）に掲載されているので、それが参考になるでしょう。

ゴールドマン・サックスに関しては、こちらの本の企業概況に**「ビザなど国際ブランドと提携し決済事業を強化中。未上場株など非伝統的商品の拡充急ぐ」**とあり、業績概況には**「22年上期は債券売買仲介が好調、個人向けも残高が増えて伸びたが、株・債券とも引き受け案件が減少し投資銀行が急減速」**とあります。

引き受け案件とはIPOのことです。2021年は米国株式市場でのIPOが記録的な数字でしたが、その反動もあって2022年は低調に終わりました。これは、同時に、米国国内の景気が悪化して相場環境も低迷していることを意味しています。

さらに**「株式の時価評価下落でアセマネも大幅減」**とありますが、これは資産運用部門の残高が大幅に減少しているということです。加えて**「引当金の積み増しもあり人件費削減でも純益4割減。下期も個人や市場部門は堅いが、投資銀行や株式関連は冴えず、通期大幅減益に」**とあるように、日本の証券業界と同様、米国を代表する金融機関も苦戦を強いられていることがわかります。

バンク・オブ・アメリカも見てみましょう。企業概況には**「米国銀行3強の一角。銀行、投資、資産運用、財務・リスク管理の商品・サービスを幅広く提供。（中略）米国内の個人預金シェア1位、クレジットカードでは3位」**とあります。

この銀行で一番重要なのは、この**クレジットカードの部分**です。なぜなら、景気の状況に応じてクレジットカードの使用率が変わってくるからです。景気が良くなれば消費が活発化し、クレジットカードの使用率が上昇しますし、逆に景気が悪化すれば、消費が落ち込み、クレジットカードの使用率は低下します。

業績概況を見ると、**「22年上期はM&A関連の収入が大幅減のほか、評価損もあり**

非金利収入が減少。ただ、利上げで金利収入が増え営業収益膨らむ」とあります。やはり銀行なので、金利上昇が業績面の追い風要因になることがわかります。

とはいえ**「非金利費用は調査関連の引き当てもあり前年並み水準で、前年の貸倒引当金戻入益なく減益に。下期も金利収入は増えるが非金利収入は弱含み。通期は減収減益に」**とあります。つまり金利は上昇しているものの、業績全体を見るとまだまだ厳しいことが伺われます。

このように、当時のゴールドマン・サックスとバンク・オブ・アメリカの状況を見ると、米国の相場全体はまだまだ先行きが厳しいことがわかります。

ただ、**株式に投資している人たちにとっては、このように厳しい状況のときこそ投資のチャンスである**と言えます。特に『会社四季報』に書かれている記事の内容がすべて厳しいときは、大体の場合において底を打ったか、底打ちが近いケースが多いからです。四季報のコメントにポジティブな記載がまったくないと、**逆に買い場が到来した**ということになります。

バリューチェーンで景気の転換点を把握する

サプライチェーンという言葉を耳にしたことがあっても、「バリューチェーン」はピンと来ない方も多いのではないでしょうか。

サプライチェーンは、製品の原材料から部品の調達、製品の製造、流通、販売に至るまで、モノをつくって、それを販売するまでの流れのことで、これを管理して最適化するのが、サプライチェーンマネジメントです。

これに対してバリューチェーンは、**「価値連鎖」**といって、製品の原材料から部品の調達、製品の製造、流通、販売の各プロセスにおいて、「どのような価値が創造されているのか」、「どこに強み、弱みがあるのか」を把握するためのものです。

当然、大きな価値を生み出している活動については、それを維持・強化していくことが大事ですし、価値を生み出していない活動があれば、それを止めるか、もしくは効率化を図るための方法を検討する必要性が生じてきます。その判断を下すために、バリューチェーンという考え方があるのです。

たとえば**日本製鉄**。改めて言うまでもないと思いますが、日本を代表する製鉄会社です。『会社四季報』によると、**「粗鋼生産量で国内首位、世界4位。技術に定評、高級鋼板で圧倒的。12年に住金と合併し発足」**とあります。世界的に見ても、とても重要な会社であることがわかります。

また、商社では**三井物産**を見てみましょう。会社の特色としては、**「鉄鉱石、原油の生産権益量は商社断トツ。インフラ等にも強み」**とあります。また業績面は連続増配で、**「豪州鉄鉱石は販価下落だが原油・ガス価格上昇でエネルギー事業が伸長。北米自動車、ガス配給、肥料販売も堅調。為替効果で純益増に上振れ。24年3月期は資源市況一服、石炭事業減速で利益反落」**とあります。

これを読む限り、現状では資源高が業績面に大きく貢献していることがわかります。ただ、2024年3月期にかけては資源高が一服するという見通しのもと、石炭事業が減速することもあって、業績面はやや落ち込むのではないかということがわかります。

米国企業についても見てみましょう。**ダウ**を取り上げます。世界最大級の素材・化学メーカーであるダウです。

2017年に**デュポン**と合併したのですが、2019年4月に分離して新生ダウとしてスタートした会社です。ダウ・ケミカルとデュポンは、両社とも化学分野における超大型企業だったため、その合併によって独占禁止法に抵触する恐れが生じたことから、3つの会社に分離することになりました。

「31か国に104の製造拠点。主にプラスチックや産業用中間体、コーティング剤、シリコンなどを展開」とあります。

この会社は**「化学会社の化学会社」**と言われています。つまりあらゆる化学会社の親元みたいなもので、化学会社が製品をつくるために仕入れる素材は、このダウが提供しているのです。

業績のコメントを見ると、**「22年上期は、主軸の特殊プラスチックや包装用資材の需要拡大、産業用中間体や機能性材料も伸びた。為替逆風でも値上げが全体の増収に寄与」**とあります。「為替逆風」という言葉は要注目で、ドル高がダウにとっては逆風であることがわかります。

さらに**「下期は需要、価格とも頭打ち。原材料高やエネルギーコスト上昇が響き採算悪化。通期は増収でも減益必至」**とあります。この文面によると、2022年の後半から米国景気が明らかに減速していることが確認できます。

また、ダウ・ケミカルと合併した後、分離したうちの1社であるデュポンですが、こちらも世界最大級の化学品メーカーです。

業績概況を見ると、**「22年上期は半導体関連堅調、買収した電磁波シールドなど加わりハイテク向け大幅増。シェルター順調、水関連も値上げが寄与。原材料コスト上昇、リストラ費用計上。前期計上の事業売却益はなくなる。下期も需要堅調だが為替逆風。売却したバイオマテリアルなくなり、通期売上高見通し引き下げ」**となっています。デュポンでもドル高が業績にとってネガティブであることが、この文章からも読み取ることができます。

米国には、素材や農業、エネルギーなど、国の根幹を支える重要産業に世界的な大手企業がたくさんあります。特にモノを輸出しているような米国企業にとって、2022年の秋口にかけて進んだドル高は、業績面で非常に厳しい環境をもたらしました。それはダウやデュポンの業績概況に書かれている文章からも、伺い知ることができます。

インフレ抑制としてのドル高

では、なぜ米国はドル高を容認してきたのでしょうか。これまでの米国であれば、自国の輸出産業にとってマイナスになるドル高を容認することはありませんでした。ましてや1ドル＝151円になっても、米国政府からドル高をけん制する発言が、ほとんど無かったのは、驚きとしか言いようがありません。

理由として思い浮かぶのは、**米国にとってそれだけインフレが脅威だった**ということです。

米国経済を支えているのは、消費者に直結しているサービス業です。消費者物価指数が上昇し続けたら、米国経済を支えている個人消費が一気に冷え込み、米国経済がリセッション入りするリスクがありました。

そして、インフレが深刻化するなかで、たまたまドル高という、米国の物価を抑制する力が働き始めたのです。これを利用しない手はないでしょう。ドル高が進めば、米国が海外から輸入しているさまざまなモノのドル建て価格が下がり、米国内におけるインフレを抑制させることができます。

結果、米国としては多少、製造業を犠牲にしても、インフレによって個人消費が落ち込むことを回避しようとしたのではないでしょうか。

以上、『会社四季報』や『米国会社四季報』の記述から読み取れる、バリューチェーンの話をしましたが、これらは各社が作成している統合報告書や有価証券報告書、株主通信といったIR関連の資料からも読み取ることができます。

その企業が最も力を入れているビジネスは何なのか、そのビジネスを取り巻く経済環境はどうなのか、といったことを頭に思い描きながら、この手の資料に目を通していくと、景気の転換点だけでなく、企業の強み、弱みなども把握でき、実際に株式投資をするうえで参考になるはずです。

GAFAMの業績から景気は読めない

米国といえばインターネット企業が真っ先に浮かんでくるほど、世界的に有名な企業がたくさんあります。**GAFAM**と称されているGoogle、Apple、Meta

（Ｆａｃｅｂｏｏｋ）、Ａｍａｚｏｎ、Ｍｉｃｒｏｓｏｆｔなどは、まさにその典型的な事例です。実際、米国の株式市場においても圧倒的な時価総額を持っていて、これらの株価上昇が、米国の株式市場の成長を牽引しているといっても過言ではないでしょう。

ただ、インターネット企業は、実は景気の転換点を把握するうえであまり参考になりません。というよりも、**インターネット企業の多くは、どちらかというとデフレを促進する存在と言っても良いかも知れません**。

特にスマートフォンが普及したことによって、その傾向が一段と顕著になったと考えられます。というのも、スマートフォンを介してインターネットにアクセスすることにより、無料のエンターテインメントをどんどん入手できるようになったからです。

「Ａｍａｚｏｎは小売だからリアルと密接に繋がっている」とか、「Ａｐｐｌｅはスマートフォンのメーカーだ」とか、いろいろな意見はあると思いますが、たとえばＡｍａｚｏｎのビジネスモデルを分解すると、現在の時価総額のうち小売部門のバリュエーションは、ほぼゼロに等しい状況です。それどころか小売部門はコスト要因と考えられていて、株式市場における評価はほとんどありません。

では、何がＡｍａｚｏｎにあれだけの時価総額をもたらしたのでしょうか。それは

ＡＷＳというクラウドサービスです。ＡＷＳとはAmazon Web Servicesの略で、インターネット経由でレンタルサーバーやデータベース、ストレージ、ＩｏＴシステム構築、機械学習など、さまざまなクラウドサービスの提供を受けられるというものです。

　Ｍｉｃｒｏｓｏｆｔも従来であればＥｘｃｅｌやＷｉｎｄｏｗｓといったソフトウェアを開発して販売していましたが、今ではこの手のパッケージソフトを秋葉原の電気店の店頭で販売する風景を見ることはありません。なぜなら、すでに販売しているパソコンに入れてあったり、大半のサービスがクラウドで提供されているからです。

　では、スマートフォンやタブレット、パソコンを開発、製造、販売している**Ａｐｐｌｅ**はどうでしょうか。Ａｐｐｌｅは一応、メーカーではあるのですが、**２０２２年度の売上構成を見ると、サービスが20%を占めています**。サービスに含まれているのは、アップルストアやアップルペイ、アップルミュージックなどです。

　ちなみにパソコンであるマッキントッシュの売上比率は10%、タブレットであるｉＰａｄが７％ですから、それを合わせてもサービスの売上比率が上になります。

そして、この手のクラウドサービスは、そこから得られる売上は景気の影響をあまり受けないという特徴を持っています。しかも、クラウドを通じて提供される各種サービスは、高い技術力を用いて制作したものを高い値段で提供するのではなく、世界中に幅広く、かつ薄く課金するものなので、料金体系は極めて安価です。その点からも**デフレ的な存在**であると考えられるのです。

前述したように、スマートフォンやパソコンなどのハードウェアに対する需要は、景気に対して敏感に反応し、その先行指標である半導体、ならびに半導体製造装置などの動向を通じて、景気を先行的に把握できます。一方、スマートフォンやパソコンを通じてアクセスするサービスは、景気の動向に対して反応が鈍く、したがって景気の先行きを判断する材料にはならないのです。

GAFAMなどと称して米国経済の最先端を走っているイメージの強いインターネット関連企業ですが、景気の判断材料にはならないという点は、理解しておくと良いでしょう。

第 5 章

コモディティと景気の関係

もっとも景気を敏感に反映する原油相場

コモディティとは、いわゆる**「商品相場」**のことです。商品とは金、銀、白金などの「貴金属」、アルミニウムやゴム、パラジウムなどの「工業品」、原油や天然ガスなどの「エネルギー」、大豆、トウモロコシなどの「穀物」。それ以外では豚肉、オレンジジュース、コーヒー豆、といったモノのことを指し、日々、商品先物取引として売買されています。

インフレはモノの値段が上がることですから、世の中がインフレムードに染まると、コモディティの価格も上昇すると考えられています。

実際、昔はそうでした。コモディティは、インフレの先行指標として捉えられていた時代もあったのです。それは経済規模そのものが小さく、国同士の貿易取引も限定的で、かつ取引される品目や、財・サービスの種類が少なかった時代の話です。そういう時代においては、コモディティの値動きにインフレが反映されやすい状況でした。

ただ、昨今は経済活動が各段に複雑化してきました。そのせいか、必ずしもインフレでコモディティ価格が上がるとは限らなくなってきたのです。

そのなかでも、**最も景気や物価を敏感に反映するコモディティは何かというと、「原油」です**。原油価格にも複数あって、米国産原油であるWTI（ウエスト・テキサス・インターミディエイト）、北海産原油のブレント、UAE産原油のドバイ、が主なところで、このうち世界の原油価格の指標的な存在が、米国産原油であるWTIです。

原油とは油田から採ったばかりの石油のことです。これを精製することによってガソリンや灯油、軽油、重油などの燃料にしたり、原材料としたナイロンやポリエステル、プラスチック、合成ゴム、合成洗剤などがつくられています。あらゆる経済活動のベースになるエネルギー源でもあるため、**世界的に経済活動が活発になると、原油価格が上昇し、逆に経済活動が停滞すると、原油価格は下落します**。

では、**原油の需給は何によって左右されるのかというと、これは中国やインドの影響が大きくなります**。

WTIの価格は、1980年代から2000年くらいまで、1バレルあたり20～40

ドルのレンジで推移していました。それが2000年以降は上昇トレンドをたどり、2008年7月には過去最高の1バレル＝147ドルをつけました。**このスーパーサイクルの原因となったのが、中国の経済成長です。**

その後、原油価格は急落、急上昇を繰り返してきましたが、2021年の中国の原油輸入量は20年ぶりに前年比でマイナスになりました。とはいえ、2023年にはゼロコロナ政策の解除によって再び大きく上昇するという見通しも発表されているので、しばらくは中国の経済情勢が原油価格の動向に及ぼす影響が大きいと言えるでしょう。

もうひとつ、景気に対して敏感に反応するコモディティがあります。**「銅」**です。銅は半導体や電線などに使われる他、さまざまな産業で使われる金属なので、景気が良くなったり、インフレ懸念が強まったりすると、価格が上昇する傾向が見られます。原油価格と合わせてチェックすると良いでしょう。

なお、原油価格については景気動向による影響が強いものの、それ以外の要因で価格が左右されることもあります。

たとえば2022年、WTIが大きく跳ね上がったのは、決して世界の景気が絶好調だったからではありません。背景にあったのはウクライナとロシアの間で行われている戦争です。これによって世界的に資源の需給動向が歪められ、原油価格の急騰につながりました。原油価格を見る際には、こうした地政学的な要因も考慮に入れておくのが良いでしょう。

穀物、食糧は景気以外の要因が強く影響する

原油や銅は景気敏感という特徴を持っていますが、それ以外のコモディティについては、景気以外の要因が、価格変動に強く影響を及ぼすことがあります。

たとえば**コーヒー豆**は、産地でコーヒーの木が病気になってしまったとか、天候不順とか、あるいはサイクロンで木がなぎ倒されてしまったとか、さまざまな自然要因で生産量が増減し、それが需給動向に影響を及ぼして、コーヒー豆の価格を変動させることがあります。

これは**トウモロコシ**や**大豆**など、他の穀物系の価格動向も同じです。

トウモロコシは家畜の飼料になりますから、その価格動向は食肉にするための家畜

の価格にも影響を及ぼします。

たとえば**トウモロコシの価格が急騰した年もしくはその翌年は、牛肉の価格が下落しやすい**という関係があります。トウモロコシの価格が急騰すると、家畜に食べさせる飼料代が上がるので、早めに食肉にしてしまうからです。結果、牛肉の供給量が増えるため、牛肉の価格が下落するのです。ただし、そのさらに翌年は、本来出荷するべき牛の頭数が減るため、牛肉の需給がタイトになり、価格は上昇しやすくなります。

もうひとつ、昔から過剰な値動きをしやすいコモディティがあります。**木材**です。コロナ禍の最中だった２０２１年、木材価格が急上昇したことから、このように言われました。

木材価格は、住宅市場が元気なときは上昇し、低調なときには下落する傾向がありますが、ウッドショックの際は住宅市場の動向以外の要因も重なり、木材価格の急騰につながりました。それはコロナ禍の影響で都市や港のロックダウンが起こったことで、木材の輸出規制が行われるなど、サプライチェーンが乱れたことから、木材価格が急騰したのです。

ちなみに2023年2月現在は、ウッドショックと言われたときほど、価格は混乱しておらず、コロナ前の水準に戻してきています。金利上昇による住宅建設需要の後退懸念も、木材価格の落ち着きに影響を及ぼしていると考えられます。

ドルとコモディティの価格は逆相関

ここまで説明したコモディティの価格変動要因は、基本的に需給動向による価格変動でした。

そして、それをベースにしたうえで、**コモディティの価格は金融政策による影響も強く受ける**ことを覚えておくべきでしょう。

たとえば米国が金融を引き締めたとします。金利は上昇します。すると、ドルが買われます。つまりドル高です。**その影響を受けて、コモディティ価格は下落します。**

逆に、米国が金融緩和を行うと、**金利は低下します。それによってドルは売られ、コモディティ価格は上昇します。**

なぜ、このような動きになるのかというと、コモディティにはリスク資産という側面があるからです。

金利が上昇すると、ドルが買われるのは必定です。言うまでもなく、**金利の高い国に資金が集まる**からです。

それと同時に、米国の金利上昇によって投資マネーは、価格変動リスクの大きいコモディティよりも、安定して利子収入を確保できる米国国債に魅力を感じるようになります。

しかも金利が上昇しているから、リスクフリー資産である米国国債でも、ある程度のリターンを得ることができます。結果、コモディティが売られて、米国国債に資金が向かうのです。

つまり、**「ドルが上がるとコモディティの価格が下がる」という逆相関関係が生まれます**。

金融緩和が行われると、これとは逆の動きになります。つまり、金融緩和で米国の金利が下がれば、ドルが売られます。と同時に、米国国債など確定利付き商品の利率が下がり、運用商品としての魅力が後退するため、**投資家は多少のリスクを冒してでも、より高いリターンを狙おうとします**。そのため、コモディティなどのリスク資産に資金が流れ、ドル安と同時にコモディティ価格が上昇するのです。

もちろん、「ドル高&コモディティ価格の下落」と「ドル安&コモディティ価格の上昇」が、必ず起こるとは限りません。戦争などの有事では両方上がることもあります。ただ、平時にはドルとコモディティ価格の間には、そういう逆相関関係があることを覚えておいて、損はないでしょう。

インフレなのに金価格が上がらない不思議

一般的に、金価格についてよく言われているのは、「金はインフレに強い資産だ」、「インフレが生じると金価格は値上がりする」ということです。

では、米国内でインフレ懸念が強まった2022年中、金価格はどう動いていたでしょうか。

2022年1月は1トロイオンス=1800ドル前後で推移していた金価格は、同年3月に2000ドルを超えました。

ところが、そこから続落し、11月には1610ドル台になりました。どんどんインフレが加速した1年だったにもかかわらず、インフレに強いはずの金価格は、下落の一途をたどったのです。

その一番の理由は、米国の金融政策にありました。FRBはインフレの芽を摘むために、立て続けに政策金利の引き上げを行いました。これが金価格にとってはネガティブな要因になったのです。

いくら大金を積んで金を購入しても、**金はあくまでもモノですから、利息を生むことはありません**。

しかも金利が上昇すると、米国国債などの利子が上がって魅力が高まりますから、投資家は手持ちの金を売却して、米国国債への投資に資金を回します。結果、金利が上がると金価格が下落するのです。これが2022年を通じて、金価格が下落した一番の要因です。

もうひとつ、2022年に金価格が下落したのは、一方でドル高が進んだからでもあります。ドルと金の間には、ドル高になると金価格が下落し、ドル安になると金価格が上昇するという関係もあるのです。

なぜなら、金は貴金属であると同時に、お金の一種と考えられているからです。現に、1971年のニクソンショックが起こる前は、金1トロイオンス=35ドルの交換比率で、ドルと金を交換することを米国政府が認めていました。

ドルと金価格が逆相関関係にあるのは、このときの名残といっても良いでしょう。以来、ドルが売られたときには金が買われるという動きが定着していきました。そして、その裏返しとして、ドルが買われているときには、金価格が下落するのです。

このように金価格は、金というコモディティそのものに対する需給に加え、金融政策やドルの値動きにも左右されるのです。

ちなみに過去の金価格の値動きを追ってみると、金の投資パフォーマンスが最も良いのは、高インフレ時ではなく、**「低インフレ時」**でした。低インフレで低金利というのが、金に投資して最も高いリターンが得られるときなのです。

再び金本位制になるのか

もうひとつだけ、金に関する話をします。日本ではそうでもないと思うのですが、中東やインド、あるいは中国では、金に対する信頼感が非常に高いという傾向が見られます。ちなみに私の故郷であるトルコも、個人が保有している資産のなかで金は別格の扱いを受けています。

これはオスマン帝国時代からの流れだと思うのですが、トルコは現金に対する信頼度が低く、過去の歴史を紐解くと、インフレによってお金がただの紙切れになったことが、幾度となくあるのです。そのため**昔から、お金が余るたびにそれを金に換えるという習慣が根付いています**。だから、トルコのグランドバザールに行くと、金を扱っている宝石商がたくさんあるのです。

それはさておき、今、**中国人民銀行が金をどんどん買っています**。2022年11月の金準備が32トン増加したことを発表した後、12月も30トン増、2023年1月には14トン増したことも発表しています。これにより、2023年1月時点の金の保有量は2024トンで、2019年9月末時点に比べて76トンも増加しました。

このように中国の金保有量が増える一方、同じく中国人民銀行が保有していた米国国債の残高が減少の一途をたどっています。

これは何を意味しているのでしょうか。恐らく、**中国政府としてはドルからの完全脱却を目指しているのではないか**と思うのです。

中国やロシアなど、反米を掲げている国でも、国際的な貿易取引にはドルを使わざるを得ません。ドルは基軸通貨なので、これまではやむを得ずそれを飲んできたわけですが、ウクライナ戦争によって、もう一方の当事国であるロシアに対する米国など西欧諸国側からの経済制裁が行われたことで、いよいよロシアだけでなく、比較的親ロの立場を取っている中国も、脱ドルに向けて動き出したのではないかと思うのです。

そして、ドルの覇権を崩すためには、金を代わりに使うしかないというのが、中国の目下の考え方なのではないか。

また、仮にそれがなかったとしても、今のように米国が好き勝手にドルを刷りまくっている状況が正しいのか、と問われれば、素直にイエスと言うこともできず、やはりここは米ドル以外の資産にも分散を図ることが必要だと考えています。

その意味でも、これからしばらくは金とドルの動きに気を配っておくのが良いのかもしれません。

第 6 章

投資も仕事も人生も。デフレ脳からインフレ脳へ

低インフレ・低金利の時代は終わった

今、時代が大きなパラダイムの転換点を迎えています。ここまで読まれた方はご理解されていると思いますが、**低インフレ・低金利の時代が終わり、いよいよ本格的なインフレ時代を迎えようとしている**のです。本格的なインフレ時代が到来したとき、それまでの低インフレ・低金利時代の考え方でいると、資産運用にしてもビジネスにしても、まったくうまくいかなくなります。インフレ時代には、それにアジャストした考え方を持って、資産運用やビジネスに臨む必要があります。時代を見る大局観は、経済指標を読むことで身につきます。

低インフレ（もしくはデフレ）・低金利の時代は、何も勉強しなかったとしても、多少なりとも豊かな生活を送ることができました。なぜなら現金の価値が相対的に上がっていったからです。**デフレはモノの値段が下がっていく経済現象**です。1個1000円だったモノの値段が500円になれば2個買えます。これがデフレです。同じ1000円でも使い出が高まります。それだけ現金の価値が上がったということです。

1個1000円だったモノの値段が500円に下がるということは、1000円が2000円になったようなもの。**つまり1000円を運用して倍にしたのと同じ経済効果を持ちます。**現金を握りしめているだけで、その価値が倍になったようなものです。これは極端な事例ですが、いずれにしてもモノの値段が下がり続けるデフレ経済の下では、リスク覚悟でお金を運用しなくても、運用したのと同じ経済効果が得られるのです。

日本人は、現金や預金にたくさんのお金を置いています。2022年9月末時点の個人金融資産残高は2005兆円。このうち現金・預金の残高は1100兆円もあります。個人金融資産残高の54・9％も占めているのです。

このように、日本人の現金・預金信仰が強いのは、これまで本格的な運用をしなくても、それなりに豊かな生活ができたからです。

終戦から立ち上がった日本は、1955年前後から1973年のオイルショック時まで、奇跡とも言われる高度経済成長を果たしました。この間、もちろんインフレに見舞われたこともありましたが、その分、賃金もどんどん上昇したため、物価上昇によって購買力が下がるという経験をせずに済み、かつ地価も上昇したため、持ち家を購入した人たちは保有資産の価値を増やすことができました。あえて株式投資をせずとも、資産を増やすことができたのです。

バブル経済は1990年代に入って崩壊しますが、ここから日本経済は本格的なデフレ局面に突入していきました。前述したように、デフレ経済の下では現金を持っているだけでお金の価値が高まりますから、ここでも日本人は投資をせずとも、実質的な資産価値は膨らんでいきました。

戦後から直近まで、日本人は特に資産運用を意識しなくても、日常生活をするうえでは特に不便はなかったのです。

でも、**これからはそうはいきません**。なぜなら、インフレが定着する恐れがあるからです。

しかも、日本の高度経済成長期に生じたインフレのように、企業がどんどん儲かり、経済のパイがどんどん拡大していくなかでの物価上昇ではありません。人口減少によって、経済のパイが縮小していくなかでのインフレになる恐れがあるのです。

インフレが定着する理由その1 ～量的金融緩和のつけ

日本ではここ20年以上にわたって、低金利政策、マイナス金利政策が取られてきましたが、これらは決して今のインフレの要因ではありません。もし低金利やマイナス金利といった金利水準がインフレ要因だとしたら、日本はとっくの昔にインフレに見舞われていたはずです。

最大の要因は、ＦＲＢの極端な量的金融緩和です。「はじめに」でも述べましたが、短期間で、かつ非常に莫大なＦＲＢのバランスシートの拡大が、このインフレを引き起こした原因であると考えています。

ＦＲＢが量的金融緩和を行ったのは、ベン・バーナンキ氏がＦＲＢ議長を務めていたときです。リーマンショックによる一時的な流動性の不足、米国経済のリセッション入りをできるだけ緩和させたいという理由で、３回にわたって量的金融緩和（ＱＥ：Quantitative Easing）を実施しました。

それも２０１４年にはいったん終了し、徐々に市中にばら撒いた資金の量を減らし始めた矢先に起ったのが、コロナショックです。**２０１４年５月には４兆５０１１億**

ドルまで増えていた米国のバランスシートは、パンデミックが発生する直前の2019年8月には、3兆7615億ドルにまで減っていたのです。

ところが、2020年に入ってパンデミックが一気に広がり、米国ではロックダウンによる経済停止が行われ、この間、経済を維持させるために資金をばら撒きました。これが物凄い金額で、2022年3月のFRBのバランスシートは、8兆9624億ドルまで急増したのです。

2019年8月から2022年3月までの2年7カ月で、FRBのバランスシートは5兆2000億ドルも増えました。これがどのくらい凄いのかというと、1ドル＝135円で換算して702兆円ですから、日本の年間のGDPを優に上回っています。

ちなみに2022年の日本のGDP推計値は552兆2921億円。つまり日本国内で1年間につくり出される付加価値をはるかに超えるお札を2年7カ月という短期間で刷って、世の中にばら撒いたのですから、経済的に何の影響も生じないはずがありません。それが物価の上昇という形で跳ね返ってきているのです。ここまでは、「はじめに」でも述べました。

FRBのバランスシート

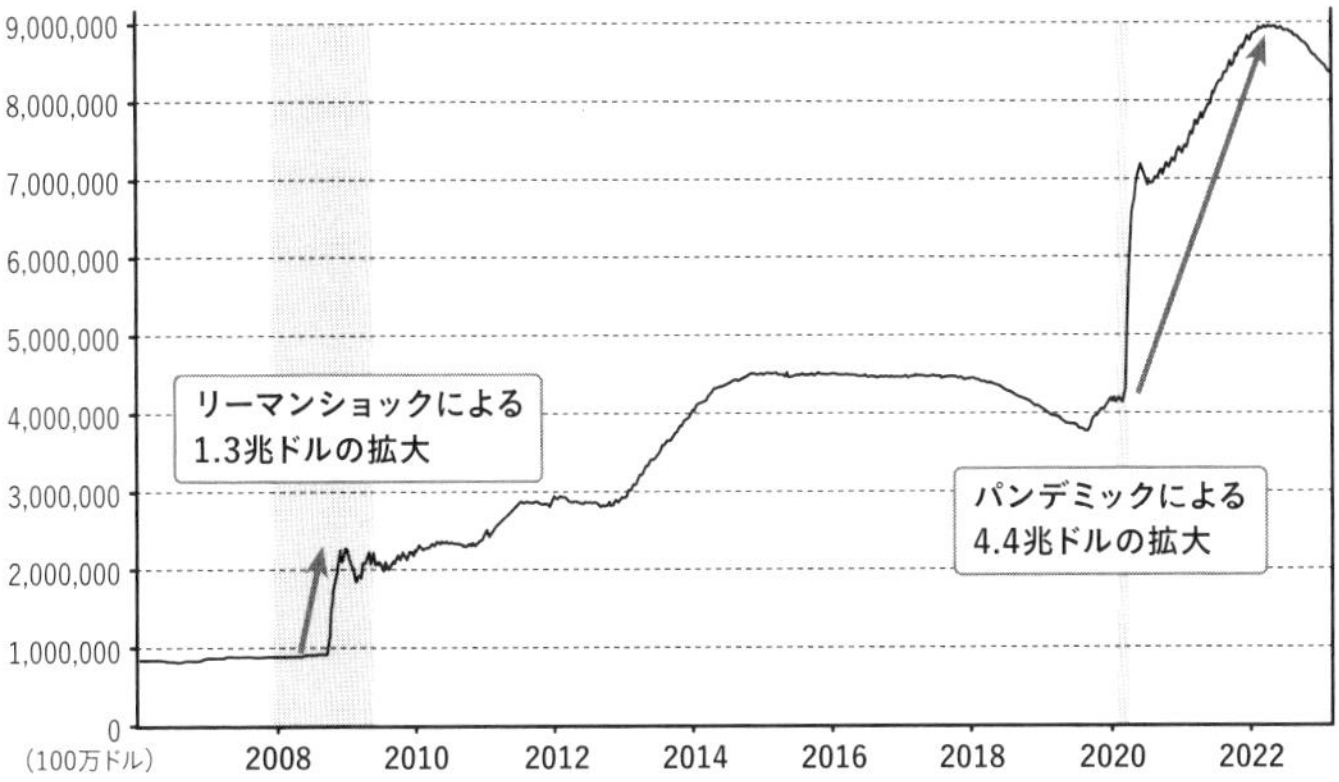

ソース：CME

では、バランスシートを大幅に拡大した分、それを回収すれば丸く収まるのかというと、これも**難題**です。米国は２０２２年になってから積極的な利上げを実施して、市中にばら撒いたお金の回収に動いていますが、実際どの程度、ＦＲＢのバランスシートが縮小したのでしょうか。２０２３年２月に至るまで、米国ではナスダック市場が前年の高値から30％を超える大幅安になり、一時的に３兆ドルくらいの市場規模を持っていた暗号資産マーケットが75％も目減りして壊滅状態。さらにＧＡＦＡＭと呼ばれた米国のハイテク企業の一部の株価は、ほぼ半値になりました。

これだけマーケットには甚大な影響が生

じたにもかかわらず、ＦＲＢのバランスシートは、８兆３８４７億ドルですから、２０２２年３月のピーク時に比べて、５７７７億ドルしか減っていないのです。もし、ＦＲＢがバランスシートの規模をパンデミック前の水準まで急激に縮小したら、米国の資本市場は完全に崩壊するでしょう。いつか正常値に戻すとしても、相当の時間をかけて、ゆっくり事を進めなければなりません。つまり、**インフレは長引く**ということです。

インフレが定着する理由その２　～新冷戦

かつて冷戦といえば、米国を中心とする西側諸国と、旧ソ連を中心とする東側諸国の冷戦でした。

この冷戦は最終的に旧ソ連の崩壊と、旧東側諸国の資本主義化によって終焉を迎えました。その引き金になったのが１９８９年のベルリンの壁崩壊だとすれば、約30年程度は米国一強時代が続いたのです。この間に米国はインターネットの力で世界をリードし、経済規模はとてつもなく大きくなりました。

しかし今、再び世界に不穏な動きが見られます。

まずは中国の台頭。約14億人という人口を武器にして、中国は世界の工場から、世界一の消費マーケットに変貌を遂げようとしているだけでなく、「一帯一路」構想によって世界経済を支配しようとしています。それに加えて、軍事力を増強し、太平洋への進出を目論んでいます。米国と中国は、軍事的な衝突こそ避けていますが、すでに経済的には戦争状態にあると言っても良いでしょう。加えて台湾海峡での緊張感が高まっており、いつ局地的な戦闘状態に入るかわかりません。

ロシアによるウクライナ侵略問題も、現時点では未だ解決の兆しが見えていません。そして、そのロシアは今、中国との距離をどんどん縮めています。中国とロシアという独裁国家が手を組めば、新たな脅威になるのは間違いありません。新冷戦は、独裁国家と民主主義国家の戦いになるのです。

この新冷戦が、構造的インフレ要因になるリスクをはらんでいます。

米国のインフレ率は、2022年6月に前年同月比9・1％まで上昇しましたが、

米CPI

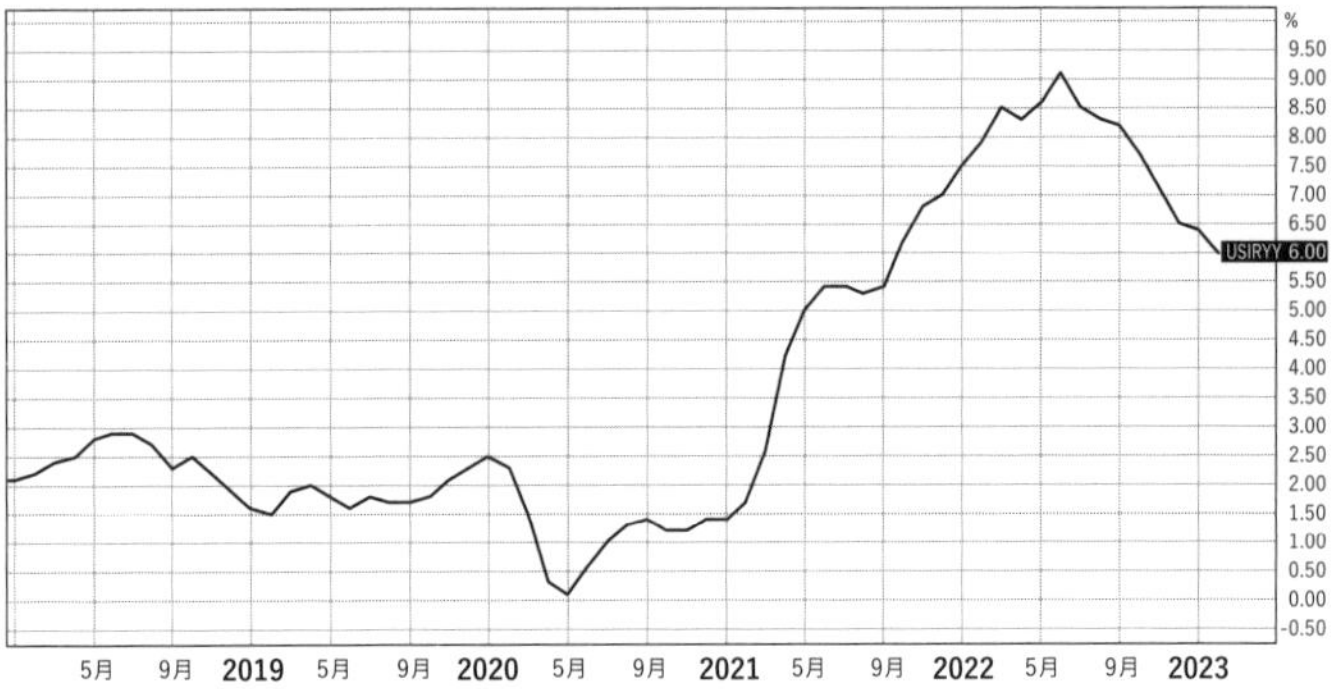

ソース：TradingView

その後は徐々に落ち着きを取り戻しています。２０２３年１月は６・４％となりました。今後、さらにインフレ率は低下し、ＯＥＣＤの予想によると、２０２３年の米国のインフレ率は、３・５％まで低下する見通しです。個人的には楽観的な数字だと思います。

今後、景気が減速するとなれば、インフレ率がピークアウトするのは道理ですが、**問題は新冷戦**です。これがある限り、**インフレ率は落ち着いても、物価水準そのものがコロナ前まで低下することはないでしょう**。

なぜなら、安い労働力を活用して大量にモノを生産できた、世界の工場である中国から、工場を撤退させる動きが、徐々に広まりつつあるからです。

私たちがそれに気づいたのが2015年のことでした。『会社四季報』を読んでいたとき、リーバイ・ストラウスジャパン（現在は上場廃止）の記述で、**「直営・FCも『メード・イン・ジャパン』打ち出し需要喚起」**という一文がありました。リーバイスといえば米国を代表するアパレルブランドで、多くのアパレルブランドがメード・イン・チャイナだった時代に、なぜメード・イン・ジャパンに回帰するのかという疑問が生じました。

しかし、メード・イン・ジャパンの動きはリーバイスだけではなかったのです。当時、中国資本の傘下で経営再建を進めていた日本のアパレル企業だったレナウン（2020年に倒産）も、**「ダーバンは秋冬商戦でメード・イン・ジャパンを打ち出した新商品を発売」**と『会社四季報』に記載されていましたし、さらに2012年2月13日発行の雑誌『プレジデント』では、**「なぜ日本HPは中国から東京に工場を移したか」**という記事が掲載されました。

HPとは米国のコンピュータ会社であるヒューレット・パッカードのことです。同社は中国の生産拠点を閉めて、東京の昭島市に工場を移転させました。当時はまだ中国が「世界の工場」と言われて、中国で製造したほうが労働力も安く、製品を安くつくれるということで、世界のメーカーが中国に生産拠点を置いていたときでもあります。

そうであるにもかかわらず、なぜヒューレット・パッカードがそのとき日本に生産拠点を移したのかというと、**日本のほうが「トータルコスト」が安いから**という理由でした。


トータルコストとは、単なる生産コストに止まらない、中国を生産拠点にすることで企業が被る恐れのある、さまざまなリスクも含めた全体のコストのことです。

たとえば今回のパンデミックでもそうだったのですが、中国の主要都市がいきなり**ロックダウン**するとなったとき、工場で働いていた人たちが皆、仕事を途中放棄して逃げてしまうとか、逃げようとする人たちを引き止めるために多額のボーナスを支払わなければならないといったことがありました。

あるいは**特許**に関しても、それを盗まれた挙句に、中国で別な会社から同じ特許を出されてしまい、特許侵害という理由で訴えられ、とんでもない賠償金を支払わされたというケースもあります。

その他にも、長期休暇前にボーナスを支給するまでは良いのですが、それを受け取ったまま戻ってこないこともあると聞きます。

そして、何よりも怖いのが**政治リスク**。中国は鄧小平のもとで開放政策に転じ、江沢民、胡錦涛の時代には一国二制度のもと、経済に関しては資本主義的なものを導入して高度成長を続けてきましたが、2012年に今の習近平体制になってからは、毛沢東時代に戻ろうとしています。共産党一党独裁主義への回帰です。こうなると、企業が中国に進出して生産を行うこと自体が、非常に高いリスクとなります。つまり、トータルコストが跳ね上がってしまうのです。

とはいえ、日本をはじめとする先進国でモノをつくったほうがトータルコストが安いといっても、それは目に見えないコストを含めた考え方であり、現実に目に見える製品の価格で考えれば、やはり高くつきます。つまり、**中国を外してモノを製造すれば、製品価格は上がらざるを得ないでしょう**。

もちろん、これらの動きは少なくとも日本にとって、そんなに悪い話ではありません。**なぜなら日本に製造拠点が戻ってくるからです。**

すでに半導体業界では話題になっていますが、台湾の半導体製造ファウンドリーであるＴＳＭＣが、熊本県に巨大な生産拠点を設けることが発表され、さらに日本国内に二拠点目もつくると言われています。

こうなると、日本国内で半導体製造に関わる高度人材が必要になります。高度人材を集めるためには、賃金を引き上げなければなりません。事実、**日本国内では多くの企業が、いよいよ初任給をはじめとして賃金の引き上げを始めました**。これはもちろんインフレ要因になります。

このように、地政学リスクを発端にした中国とのディカップリングが進めば進むほど、インフレの可能性が高まってくるのです。

インフレが定着する理由その３　～日本の財政赤字

日本銀行と日本政府はこれまで、２％の物価上昇を目標インフレ率に設定していました。そして実際、２０２２年4月の消費者物価指数は、前年同月比で２・１％の上昇となり、インフレ目標を達成しました（次ページ図）。そして、その後も消費者物価指数は上昇を続け、２０２３年1月は４・３％となったのです。日本経済は過去30

いよいよ日本にもインフレの波が訪れた！

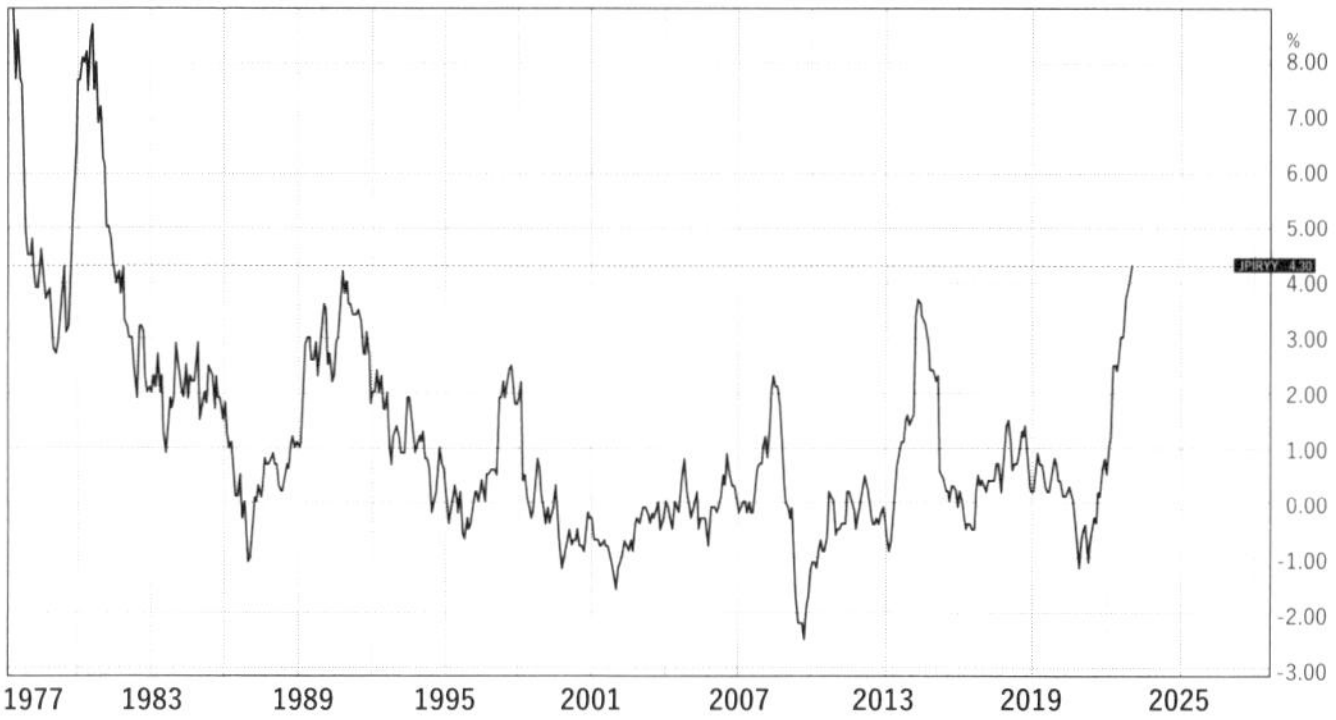

ソース：TradingView

年ほど続いたデフレ経済から、ようやく脱出できたのでした。

しかし、このインフレは決して歓迎されるようなインフレではありません。インフレの原因が、**一時、1ドル＝151円まで進んだ円安と、燃料や資源高といった外的なものだったから**です。日銀や政府が期待していたのは、国内の景気が回復するなかで、企業が賃上げを実施した結果、個人消費が促進され、物価が上昇するという、あくまでも国内景気の好転に端を発するインフレでした。

それが、2023年に入ってからは、企業の一部で賃上げを実施する動きが出てきました。これこそ、まさに日銀や政府が待ち望んでいた形のインフレといっても過言ではありません。これまで待ち望んできたインフレがようやく実現しそうになっているだけに、特に日本政府としては、何としてでもこの流れを途切れさせないようにしたいと考えているはずです。なぜなら、日本は今、多額の政府債務を抱えているからです。

現在、日本政府が発行している普通国債の残高は、2022年度末時点で1029兆円。普通国債とは、日本政府が公共工事を行ったり、あるいは政府の経常的な資金不足をカバーしたりするために発行される債券です。つまり借金の証文みたいなもの。これが1029兆円もあるのです。

この額は、日本のGDPの2年超分に該当します。2022年度末時点における日本の債務残高の対GDP比は、262・5%ですが、これは先進国中、最も高い数字。ちなみに、イタリアが150・6%、米国が125・6%、フランスが112・6%、カナダが101・8%、英国が87・8%、ドイツが70・9%です。

日本の債務残高が対GDP比で200%を超えたのは、敗戦直前の1944年に記録した204%です。戦争には莫大な資金が必要であり、だからこそ政府は多額の資金を国債発行で集め、それを軍事費に使ったわけですが、そのときよりも、はるかに悪い状態が、まさに今なのです。

この1029兆円もの借金を返済するのは、容易なことではありません。ただ、ひとつだけあっという間に借金を返済できる方法があるのです。

よく「日本の政府が抱えている借金は大丈夫ですか？」という質問を受けることがあります。1000兆円を超える借金を抱えている日本が、借金で首が回らなくなって破産するのではないかということを心配しているのでしょう。

その心配はいりません。日本政府が抱えている巨額の借金は、**幸いなことにその大半が日本国内から借り入れたもの**です。もちろん一時期に比べて海外から借金している額は増えていますが、それでも日本国債は90％超が日本国内で保有されています。

ちなみに2022年9月末時点における日本国債の保有者を見ると、次ページ図のようになっています。

海外の保有比率はたったの7・1％であり、残りは日本国内の誰かから借りていることになるのです。

したがって、少なくとも日本国内の誰かから借りている借金は、簡単に返済することができます。それは、日本政府がバンバンお金を刷って返済に充ててしまえば良いからです。しかも日銀券、つまりお札を刷っている日本銀行が、政府の借金の50・3%を保有しているのですから、お札を刷って借金の返済に充てることなど、ますます簡単といっても良いでしょう。

では、そんなに簡単な方法なのに、どうしてやらないのかという疑問が浮かんでくるかと思います。なぜ、それをしないのかというと、とんでもないインフレになる恐れがあるからです。

かつて、日本政府は預金封鎖と新円切り

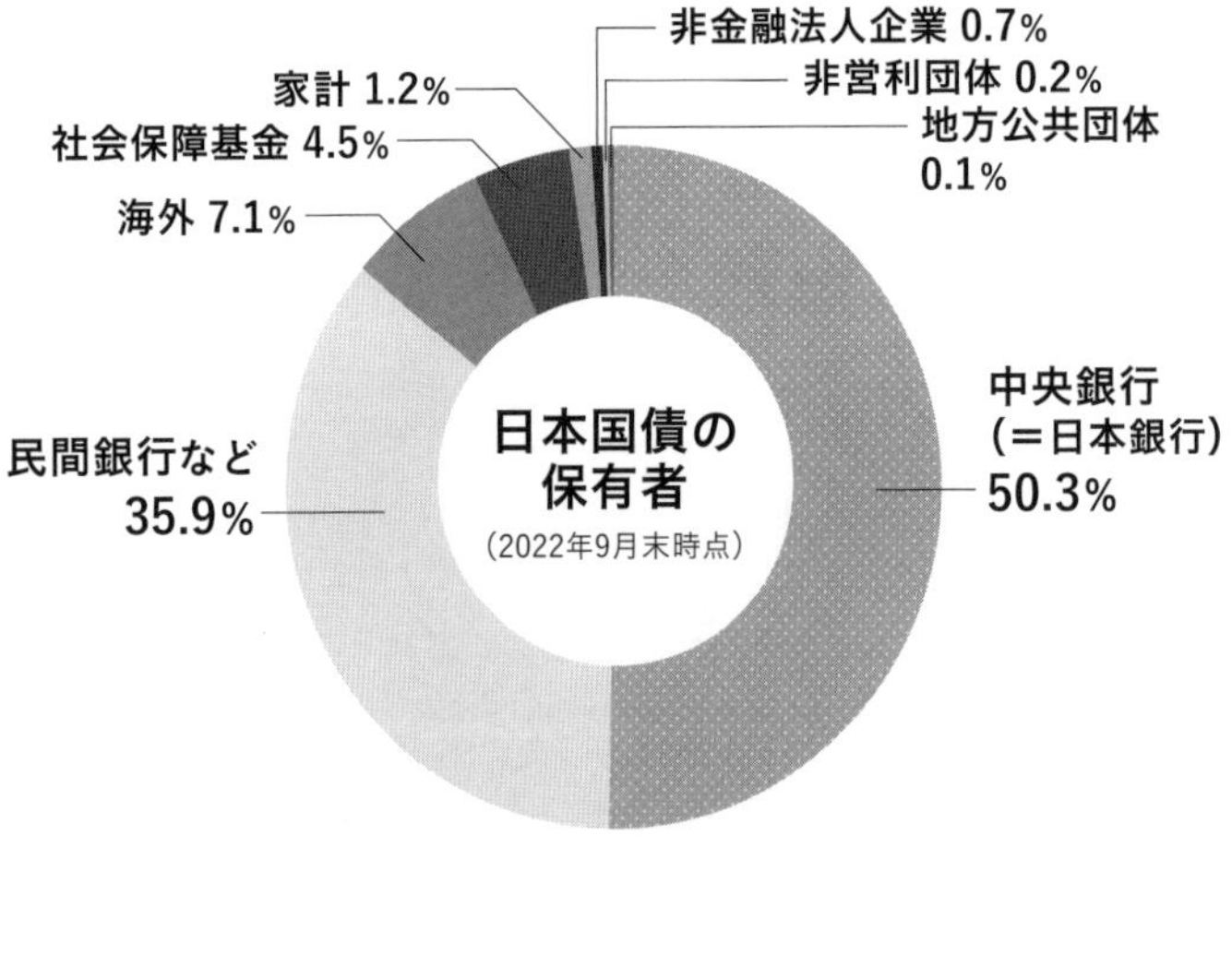

替え、さらに現金の引き出し規制という荒療治によって、借金をチャラにしたという事実があります。1945年のことです。旧円の引き出しが制限され、しばらく後に新円への切り替えと旧円の紙幣流通の停止によって、旧円が紙くずになったのです。その結果、旧円で行われてきた日本政府の借金の大半は、チャラになりました。

しかも、この手の徳政令は、終戦直後が初めてではありません。明治維新のときも同じように、日本政府は借金を棒引きにしています。それ以前の武士政府を廃止するにあたり、当時の武士が商人から借りていた多額の借金を棒引きにして、明治政府を立ち上げたのです。

こうした過去の事例を見てもわかるように、政府はいつでも借金をチャラにできるのです。したがって、普通国債の残高が1000兆円を超えたとしても、それによって日本政府が破綻することはありません。

ただし、それだけのお札を刷れば、当然のことですが、**円の価値は大暴落します**。結果、円で資産を保有している人の大半は、インフレによって保有資産の実質的な価値が失われ、大きな損失を被ることになります。

とはいえ、そこまで大胆な政策を行えば、国内情勢が大混乱になりますから、恐らく日本政府は今の4%程度のインフレ率はとてもありがたく、これを持続させることによって、**徐々に借金の実質的な価値を減らしていくようにするはず**。その意味でも、物価は下がりにくい環境にあると考えることができます。

金利が20%に向かうとき、私たちはどう生きるか

今の時代を、先進国で生きている私たちにとって、金利は超低金利、もしくはゼロ金利が当たり前だと思っているかも知れません。

でも、それは過去の歴史から見ても相当、異常な事態であることを、一人ひとりが認識する必要があります。

そもそも「金利」の概念は数千年も前からあって、その歴史のなかでわかる範囲の**平均的な金利水準は、大体20%程度**なのです。つまり年20%の金利は、相当に良心的。それがゼロ金利なのですから、まさに今の先進国で形成されている金利は異常です。

これはマーケットの常ですが、**異常値はどこかで必ず修正されます**。つまり、現在

の超低金利もどこかの局面で、必ず修正されるのです。つまり金利は上昇します。

いや、それ以前にインフレがもっと加速するかも知れません。過去の歴史において平均的な金利水準が年20％だとしたら、物価の水準もそれに近い程度まで上昇する可能性があります。

反面、冒頭でも触れましたが、米国は過去に例のないほどの量的金融緩和を行いました。それをほんの少しだけ金融を引き締めただけで、米国の株式市場は大幅に下落しました。いつになるかわかりませんが、金利が20％に向かって上昇するようなことになったら、米国の株式市場は過去に例を見たことのないくらいの大暴落になるでしょう。株式以外のリスク資産もしかりです。しかし、それは世界の基軸通貨であるドルの信認を守るために必要になる可能性が高いのです。

ただ、それが間もなく起こるのか、それともまだ当分先のことなのかは、正直なところ誰にもわかりません。もちろん私にもわかりません。したがって、このような状況下での投資行動としては、**世の中が金融緩和的になったときにはリスク資産を保有し、金融引き締め的な環境になったときにはリスク資産を手放して、過度なリスクを取らないような運用を心がけるしかない**のです。

そして、**金融緩和に向かっているのか、それとも金融引き締めに向かっているのかを把握するためには、本書で説明してきた経済指標が手がかりになります**。つまり経済指標を理解するということは、不透明感が増している今の投資環境において、自分の身を守るためにも必要な知識のひとつと言えるのです。

最後にこれは特に日本人に言っておきたいことですが、過去30年も続いたデフレ経済によって、皆さんの脳はデフレに慣れ切っています。つまりデフレ的な発想では、これからのインフレ時代を乗り切ることができません。現金を抱え込むのではなく、**インフレに強い資産に替えておくか、もしくは必要なものがあれば今のうちに買っておくという消費行動が必要になります**。

無駄遣いをせず、ひたすら貯蓄を美徳と考える日本人からすると、発想の転換は大変かも知れませんが、インフレが進む時代においては、「ちょっと（値段が）高いな。時間が経てば安くなるかも知れないから、もう少し待ってみよう」などと言っているうちに、どんどん値段が上がってしまい、逆に損をしてしまうことにもなりかねません。

無駄に何でも買えとは言いませんが、**必要なものを必要なときに買う決断力を持つこと**が大事です。経済指標の知識を磨き、これから本格化するインフレ時代を乗り切るために必要な知恵を身に着けるようにしてください。

これからの時代、経済の勉強がとても重要な意味を持ちます。本書で扱ってきた経済指標の知識も、そのひとつです。

専門家のように詳しくなる必要はありません。その数字が何を意味しているのか、それが自分の保有している資産、あるいは自分が携わっているビジネスにどのような影響を及ぼすのかといったことが、おおまかにわかれば十分です。経済指標には本当にたくさんの種類がありますが、この目標を達成するためなら、そのすべてを理解する必要はありません。本書で説明したものだけで十分です。

MEMO

MEMO

【著者紹介】

エミン・ユルマズ

◉——エコノミスト、グローバルストラテジスト。複眼経済塾取締役・塾頭。トルコ・イスタンブール出身。16歳で国際生物学オリンピックの世界チャンピオンに。1997年に日本に留学。日本語能力試験一級を受けて、1年後に東京大学理科一類に合格。その後、同大学院で生命工学修士を取得。2006年野村證券入社、投資銀行部門、機関投資家営業部門に携わった後、16年に複眼経済塾の取締役・塾頭に就任。

◉——著書に『大インフレ時代！日本株が強い』(ビジネス社)、『日本経済復活への新シナリオ』(KADOKAWA)、『コロナ後の世界経済』『エブリシング・バブルの崩壊』(ともに集英社) など多数。

●Emin Yurumazu Magazine
https://note.com/eminyurumazu/
●探究！ エミンチャンネル
https://www.youtube.com/@yurumazu/
●Twitter
https://twitter.com/yurumazu

世界《せかい》インフレ時代《じだい》の経済指標《けいざいしひょう》

2023年5月8日　第1刷発行
2023年5月30日　第3刷発行

著　者——エミン・ユルマズ
発行者——齊藤　龍男
発行所——株式会社かんき出版
東京都千代田区麹町4-1-4 西脇ビル　〒102-0083
電話　営業部：03(3262)8011㈹　編集部：03(3262)8012㈹
FAX　03(3234)4421　振替　00100-2-62304
https://kanki-pub.co.jp/

印刷所——図書印刷株式会社

ISBN978-4-7612-7670-6 C0033

● かんき出版の好評書籍 ●

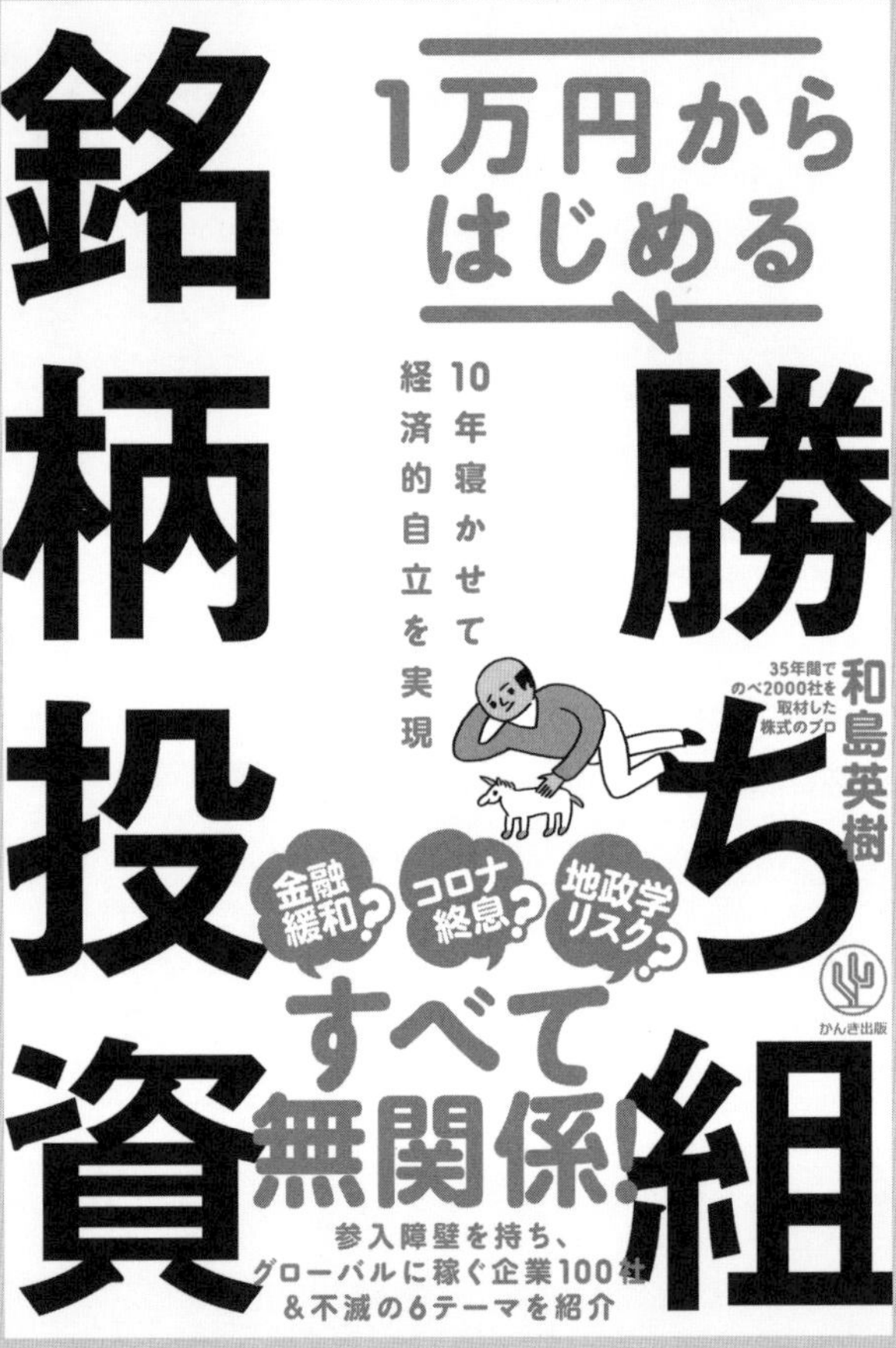

和島英樹 著

『1万円からはじめる 勝ち組銘柄投資』